Mandarín

PARA EL VIAJERO

geoPlaneta

geoPlaneta
Av. Diagonal 662-664. 08034 Barcelona
viajeros@lonelyplanet.es
www.geoplaneta.com - www.lonelyplanet.es

Lonely Planet Publications (oficina central)
Locked Bag 1, Footscray, Victoria 3011, Australia
☎ 61 3 8379 8000 - fax 61 3 8379 8111
(Oficinas también en Reino Unido y Estados Unidos)
talk2us@lonelyplanet.com.au

Mandarín para el viajero
2ª edición en español – mayo del 2014

Editorial Planeta, S.A.
Con la autorización para la edición en español de Lonely Planet Publications Pty Ltd A.B.N. 36 005 607 983, Locked Bag 1, Footscray, Melbourne, VIC 3011, Australia

ISBN: 978-84-08-12644-7
Depósito legal: B. 8.423-2014
© Textos: Lonely Planet 2014
© Edición en español: Editorial Planeta, S.A., 2014
© Fotografía de cubierta: Laurent Grandadam/SIME/4Corners

Asesoramiento lingüístico: Jün Chin
Traducción: Belén Vasallo
Transliteración: Jün Chin, Pilar Menéndez

Agradecimientos
Sasha Baskett, Lena Chan, Laura Crawford, Brendan Dempsey, Kylie McLaughlin, Trent Paton, Piers Pickard, Kirsten Rawlings, John Taufa, Juan Winata

Impresión y encuadernación: Gráficas Estella
Printed in Spain – Impreso en España

Reservados todos los derechos. No se permite la reproducción total o parcial de este libro, ni su incorporación a un sistema informático, ni su transmisión en cualquier forma o por cualquier medio, sea este electrónico, mecánico, por fotocopia, por grabación u otros métodos, sin el permiso previo y por escrito del editor. La infracción de los derechos mencionados puede ser constitutiva de delito contra la propiedad intelectual (Art. 270 y siguientes del Código Penal).

Diríjase a CEDRO (Centro Español de Derechos Reprográficos) si necesita fotocopiar o escanear algún fragmento de esta obra. Puede contactar con CEDRO a través de la web www.conlicencia.com o por teléfono en el 91 702 19 70 / 93 272 04 47.

Lonely Planet y el logotipo de Lonely Planet son marcas registradas de Lonely Planet en la Oficina de Patentes y Marcas de EE UU y otros países. Lonely Planet no autoriza el uso de ninguna de sus marcas registradas a establecimientos comerciales tales como puntos de venta, hoteles o restaurantes. Por favor, informen de cualquier uso fraudulento a www.lonelyplanet.com/ip.

El papel utilizado para la impresión de este libro es cien por cien libre de cloro y está calificado como papel ecológico.

Atención a los siguientes iconos:

 Frase corta
Atajos para decir lo mismo con menos palabras

Preguntas y respuestas
Se plantean preguntas y, a continuación, las posibles respuestas

 Se buscará
Frases habituales en señales, menús, etc.

 Se oirá
Frases con las que se pueden dirigir al viajero

 Sobre el idioma
Una mirada a los entresijos de la lengua

Sobre la cultura
Una mirada a la cultura local

Cómo leer las frases:
- Las palabras y frases en color son transcripciones fonéticas para que la pronunciación sea lo más precisa posible.
- Las listas de expresiones de los recuadros en color ofrecen opciones para completar la frase inmediatamente anterior.

Abreviaturas para escoger las palabras o frases correctas en cada caso:

f	femenino	lit	literal	sg	singular
for	formal	m	masculino		
inf	informal	pl	plural		

SOBRE ESTE LIBRO
Sumario

PÁGINA 6 — **Sobre el mandarín**
Nociones para familiarizarse con la gramática y la pronunciación del mandarín.

Introducción 6
Frases que hay que aprender 8
Pronunciación 10
Gramática 18

PÁGINA 31 — **Frases para el viaje**
Una frase para cada situación: comprar billetes, reservar hoteles y mucho más.

 **Lo básico** 31

Hacerse entender 32
Números y cantidades 34
Horas y fechas 38

En práctica 43

Transporte 44
Cruce de fronteras 61
Direcciones 63
Alojamiento 66
De compras 78
Comunicaciones 88
Dinero y bancos 94
Negocios 97

Turismo	100
Viajeros mayores o discapacitados	106
Viajar con niños	108

Relacionarse — 111

Conocer gente	112
Intereses	123
Sentimientos y opiniones	128
Ocio	134
El arte de seducir	140
Creencias y cultura	145
Deporte	148
Al aire libre	156

Viajar seguro — 161

Urgencias	162
Policía	164
Salud	166

Comida — 175

Comer fuera	176
Comprar y cocinar	192
Comida vegetariana y de dieta	196

PÁGINA 199

Glosario gastronómico
Guía de platos e ingredientes, para pedir comida con conocimiento de causa.

PÁGINA 209

Diccionario bilingüe
Práctico vocabulario de referencia con más de 3500 palabras.

Diccionario español–mandarín	209
Diccionario mandarín–español	239

Índice	252

6

SOBRE EL MANDARÍN — INTRODUCCIÓN

INTRODUCCIÓN

Mandarín
普通话 Pǔtōnghuà

¿Quién habla mandarín?

IDIOMA OFICIAL
CHINA CONTINENTAL
TAIWÁN
SINGAPUR

SE HABLA EN
HONG KONG
MACAO
MALASIA

¿Por qué hablarlo?

Con casi mil millones de hablantes, el mandarín es la lengua más hablada del mundo. ¿Cómo rechazar la oportunidad de comunicarse con una de cada siete personas en la Tierra?

Sonidos propios

En mandarín el significado de una palabra varía dependiendo del tono de ciertas sílabas. El mandarín posee cuatro tonos (alto, alto ascendente, alto descendente-ascendente y alto-descendiente), además de un quinto neutral.

840 millones
de hablantes de mandarín en China

1000 millones
de hablantes de mandarín en todo el mundo

Pinyin

El pinyin fue adoptado en 1958 para transcribir el chino utilizando el alfabeto romano. Hoy en día se puede ver pinyin por todas partes: en mapas, señales de tráfico, carteles de tiendas y nombres comerciales.

Escritura china

Muchos de los caracteres básicos son pictogramas (dibujos esquemáticos de lo que representan), aunque la mayoría tienen elementos de "significado" y de "sonido" Cada carácter representa una sílaba y la mayoría de las palabras están compuestas de dos caracteres.

'Chinglés

El *chinglés* origina divertidas traducciones. Por ej., en un cartel de "Silencio" puede leerse: "la subliminalidad de pensamiento ha comenzado mientras que los ruidosos han terminado".

Familia de idiomas

El término "mandarín" se refiere a uno de los siete grupos dialectales chinos y es conocido formalmente como "Chino moderno estándar" o Pǔtōnghuà 普通话 ("el dialecto común"). Los otros seis dialectos de la familia sino-tibetana son el gan, el hakka, el min, el wu, el xiang y el yue.

Gramática básica

El mandarín no tiene equivalentes de "sí" o "no". Para responder "sí" a una pregunta se repite el verbo empleado (por ej. shì 是, "ser"). Para responder negativamente se añade bù 不 (no) antes del verbo.

Palabras de origen mandarín

En español hay unas cuantas, por ejemplo: *Japón*, *kétchup*, *kung-fu*, *charol*, *taichí*, *té*...

8

5 frases que hay que aprender

1 **¿Dónde se sirve *yum cha*?**
哪里的早茶好？ nǎlǐ de tsǎochá jǎo?

En China no hay que dejar de buscar el lugar ideal para disfrutar la que sin duda será una de las experiencias más auténticas del viaje.

2 **Por favor, tráigame cuchillo y tenedor.**
请拿一副刀叉来。 chǐng ná yī fù dāochā lái.

No hay ningún problema en pedir que traigan cuchillo y tenedor si no se tiene dominado el arte de comer con palillos.

3 **¿Me hace descuento (por la habitación)?**
这（房间）能打折吗？ tshè (fángchiān) néng dǎtshé ma?

En China es habitual conseguir descuentos de entre el 10% y el 50% sobre el precio de la habitación simplemente con pedirlo en la recepción.

4 **Quería alquilar una bicicleta.**
我想租一辆自行车。 uǒ chiǎng tsū yīliàng tsīchíngchē.

Las bicicletas son una gran opción para desplazarse por las ciudades chinas y los lugares turísticos. Son también perfectas para explorar las zonas rurales.

5 **¿Puede escribirme eso en pinyin?**
请用拼音写。 chǐng yòng pīnyīn shiě.

Quienes se sientan intimidados por la escritura china tienen en el pinyin (el sistema oficial para escribir mandarín usando el alfabeto romano) su mejor aliado.

10 expresiones muy locales

¡Genial!	真棒!	tshēnbàng!
¡Hey!	喂!	uèi!
Está bien.	还行。	jáishíng.
Un minuto.	等一下。	děngyīshià.
Quizá.	有可能。	yǒu kěnéng.
Sin problema.	没事。	méishì.
¡Ni hablar!	不可能!	bù kěnéng!
Por supuesto.	行,行,行。	shíng, shíng, shíng.
¡Es suficiente!	够了,够了!	gòule, gòule!
Es broma.	开玩笑。	kāiuánchiào.

SOBRE El mandarín

Pronunciación

Para los hispanohablantes, el chino mandarín es bastante fácil de pronunciar. No tiene demasiados sonidos y muchos de ellos tienen equivalentes en español. Uno de los aspectos que puede resultar más difícil del mandarín es el uso de los tonos, ya que el significado de una palabra puede cambiar según la entonación que se le dé. (Véase **tonos** en la p. 13).

El sistema pinyin

En 1958 los chinos adoptaron oficialmente el sistema pinyin como forma de transcribir el chino utilizando el alfabeto romano. El pinyin fue muy importante a la hora de salvar los obstáculos que existían para la comunicación y el desarrollo al permitir el acceso a un idioma común en un país enorme con innumerables dialectos. Actualmente en China se puede ver pinyin por todas partes: en mapas, señales de tráfico, carteles de tiendas y nombres comerciales. No obstante, a pesar de que existe un reconocimiento generalizado, hay muchos chinos que no saben leer pinyin, y en las zonas rurales está muy poco extendido.

En esta nueva edición hemos recuperado el pinyin por demanda popular. Una vez se hayan aprendido las reglas de pronunciación de las letras se verá que es un sistema muy sencillo de utilizar. Por ejemplo, la c en pinyin se pronuncia 'ts' y la q suena como la 'ch' de 'chico'.

Para información sobre los nombres en chino de las letras del alfabeto romano –útil para, por ejemplo, deletrear el nombre al registrarse en un hotel– véase recuadro en p. 16.

SOBRE EL IDIOMA

El mandarín de Beijing

La pronunciación que se da en este libro se basa en el 'pekinés', el dialecto del mandarín que se habla en Beijing. El motivo es que el chino estándar moderno se corresponde con este dialecto. A uno le entenderán por todo el país, ya que los chinos están habituados al idioma oficial.

Una característica del mandarín estándar que refleja la pronunciación típica de Beijing es el añadir un sonido de 'r' al final de muchas palabras. Este sonido de 'r' se representa en el libro mediante el carácter 儿. En otras partes del país resulta raro escuchar esta pronunciación. Por el contrario, fuera de la capital los sonidos sibilantes 's', 'z' y 'zh' pueden no coincidir con la estructura estándar de Beijing. Como norma general, cuanto más alejado se esté de la capital, más posibilidades habrá de escuchar distintas pronunciaciones.

Sonidos vocálicos

Las vocales en mandarín son sencillas y se podrá constatar que hay bastantes coincidencias con las vocales en español. Hay que tener en cuenta que las vocales en pinyin suelen pronunciarse diferente dependiendo de las letras que las acompañan, como se indica en la tabla siguiente.

~ PINYIN ~	~ SONIDO ESPAÑOL ~	~ MANDARÍN ~
a (an, ang)	padre (pan, bang)	fà (fàn, fǎng)
e (en, eng)	mujer (rompen, tren)	gě (mèn, fēng)
i (in, ing)	piel (pin, ping)	pí (pǐn, píng)
i (tras z, c, o s)	gel	zī
i (tras zh, ch, sh o r)	como la r en Grrr!	shí
o (ong)	humor	bó (tóng)
u	tul	shù
ü (y u o un después de j, q, x o y)	parecido a 'iu' pronunciado redondeando los labios	lǜ (qù, yùn)

Combinaciones vocal/consonante

El mandarín tiene unas cuantas combinaciones de vocales y consonantes (sonidos en los que se une el sonido de las letras y y u con el resto de las vocales y diptongos). Se puede constatar una vez más que algunas tienen equivalencias en español.

~ PINYIN ~	~ ESPAÑOL ~	~ EJEMPLO MANDARÍN ~
ai	aire	zài
ao	nao	báo
ei	peine	bèi
ia	vaya	jiā
ian	yen	tiān
iang	callan	xiǎng
iao	cauto	xiǎo
ie	tiene	xié
iong	Jung	xiōngdì
iu	yogur	qiú
ou	show	lóu
ua	guapo	guā
uai	guay	kuài
uan	Juan	chuān
uan (tras j, q, x o y)	cuento	yuān
uang	cuanto	kuàng
ue	llueve	yuè
ui	rey	tuī
uo	wok	huǒ

Sonidos consonánticos

Los hispanohablantes no tendrán demasiadas dificultades para pronunciar las consonantes del mandarín, pues sus sonidos les resultarán familiares.

~ PINYIN ~	~ ESPAÑOL ~	~ EJEMPLO MANDARÍN ~
b	pobre	bāng
c	parecido al inglés cats	cè
ch	churro	chū
d	día	dì
f	foca	fēng
g	gato	gān
h	jamón	hǎi
j	ya	jùn
k	kilo	kě
l	lujo	lín
m	mío	mín
n	no	néng
ng	engaño	máng
p	pasa	pèi
q	chorro	qū
r	red	rì
s	sol	sī
sh	parecido al inglés shop	shǎo
t	toro	tú
w	parecido al inglés win	wàng
y	yunta	yǒu
x	parecido al inglés sheet	xiá
z	parecido al inglés lads	zì
zh	yema	zhāo

Tonos

Muchas palabras tienen la misma pronunciación básica y lo que diferencia a estos 'homófonos' es la calidad tonal, el tono ascendente y descendente en ciertas sílabas. Normalmente se dice que el mandarín tiene cuatro tonos, aunque es más preciso pensar que tiene cinco e incluir el tono neutro.

14

Aparte del tono neutro, el pinyin usa signos diacríticos sobre las vocales para indicar cada tono, como se muestra a continuación.

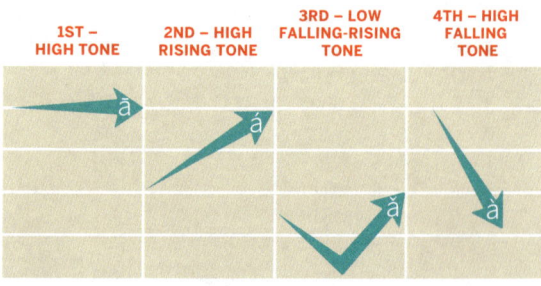

La tabla siguiente muestra cómo una palabra, ma, puede tener cinco significados dependiendo del tono.

~ TONO ~	~ EJEMPLO ~	~ SIGNIFICADO ~
1º – alto	mā	madre
2º – ascendente	má	cáñamo
3º – descendente-ascendente	mǎ	caballo
4º – descendente	mà	reprender
neutro	ma	pregunta

Se producen algunos trabalenguas divertidos basados en los tonos, como los siguientes que surgen con los ejemplos de las palabras de la tabla anterior:

Madre monta a caballo. El caballo es lento. Madre reprende al caballo.

妈妈骑马，马慢，妈妈骂马。
(lit: madre monta caballo, caballo lento, madre reprende caballo)
Māma qí mǎ, mǎ màn, māma mà mǎ.

Hay que tener en cuenta que los tonos no son absolutos, sino que la entonación es relativa en función de los registros vocales naturales. Por eso no hay que sentirse cohibido, sino que se trata de experimentar con los niveles naturales de la voz. Los hispanohablantes ya hacen esto de cierta manera. Así, por ejemplo, al pronunciar '¿qué?' se están acercando al tono alto ascendente y cuando dicen '¡sí!' afirmativo se aproximan al tono alto descendente.

No hay motivos para sentirse incómodo con este sistema 'extraño'. Los tonos no tienen nada de oscuro o misterioso, de hecho se utilizan en más de la mitad de los idiomas que existen en el mundo. Puede que al principio uno no consiga siempre transmitir el significado que quiere, pero conviene recordar que para aprender solo hace falta paciencia. Incluso si no se consigue el tono correctamente, el significado que uno quiere transmitir suele deducirse del contexto.

Variaciones tonales

En el mandarín hablado, los tonos a veces pueden variar según el contexto. El cambio más común ocurre cuando hay dos tonos descendente-ascendentes (3º) seguidos. Entonces el primero cambia a algo más parecido a un tono ascendente (2º), por ejemplo:

por fin   起码   qǐ mǎ se pronuncia qí mǎ

Otro cambio habitual se produce cuando la palabra bù 不 'no' va seguida por otro tono descendente. En ese caso se pronuncia como un tono ascendente, por ejemplo:

incorrecto   不对   bù duì se pronuncia bú duì

El carácter yī 一 'uno' tiene un par de variaciones tonales. Se pronuncia en tono alto cuando se usa solo, en tono ascendente cuando va seguido de un tono descendente (como en 一会儿 yīhuìr 'un rato' pronunciado como yíhuìr), y un tono descendiente cuando le sigue cualquier otro tono (véase ejemplos en la página siguiente).

ordinario	一般	yībān se pronuncia yìbān
junto	一同	yītóng se pronuncia yìtóng
un poco	一点儿	yīdiǎnr se pronuncia yìdiǎnr

En las guías de pronunciación en color a lo largo de este libro se muestra la versión sin modificar de estos tonos (los que primero se mencionan en los ejemplos anteriores), siguiendo el estilo correcto para el pinyin escrito.

SOBRE EL IDIOMA — Cómo deletrear

La mayoría de los chinos están familiarizados con el alfabeto latino gracias a sus conocimientos de pinyin y de inglés. Si uno quiere deletrear un nombre, lo mejor es seguir la pronunciación china del alfabeto que viene a continuación. Las letras latinas se pueden representar con caracteres que se identifican con los sonidos.

A	诶	ā	N	恩	ən
B	必	bēi	O	呕	ōu
C	西	shī	P	披	pī
D	弟	dì	Q	酷	kù
E	衣	yī	R	耳	ər
F	艾付	ə·fu	S	艾斯	ə·sə
G	记	jì	T	踢	tī
H	爱耻	chī	U	忧	yīou
I	挨	āi	V	维	wéi
J	宅	tshāi	W	大波留	dàbōliù
K	开	kāi	X	埃克斯	āikèsī
L	饿罗	ə·luó	Y	歪	uāi
M	饿母	èmǔ	Z	再得	tsədə

Sistema de escritura

El chino se suele describir como un idioma de pictogramas. Muchos de los caracteres básicos son realmente elegantes dibujos de lo que representan, aunque la mayoría de los caracteres son una combinación de elementos de 'significado' y elementos de 'sonido'. Cada carácter representa una sílaba hablada y gran parte de las palabras chinas están compuestas de dos caracteres separados.

Los diccionarios de chino más extensos contienen unos cien mil caracteres, aunque para leer el periódico basta con conocer unos cuantos miles. En teoría, todos los dialectos chinos utilizan el mismo sistema de escritura, de modo que los habitantes de todo el país deberían poder leer y entender los caracteres, las palabras y frases de este libro. En la práctica, el cantonés añade unos tres mil caracteres especializados y muchos de los dialectos carecen de sistema de escritura.

Gramática

SOBRE El mandarín

Este capítulo describe la gramática básica del mandarín para el
que no tiene ningún conocimiento previo del idioma. Está diseñado para que el lector pueda formar sus propias frases y esperamos que le anime a ir más allá, a lanzarse a hablar el idioma y a relacionarse con la gente de otra cultura.

Adjetivos

Describir personas/cosas • Comparar personas/cosas

Al revés de lo que pasa en español, las palabras que describen o modifican un sustantivo, como por ejemplo los adjetivos, en chino mandarín se sitúan antes del sustantivo. Normalmente la partícula də 的 se coloca entre el adjetivo y el sustantivo.

una fresa grande	很大的草莓
	(lit: grande də fresa)
	dà·də tsăo·méi

Para comparar una cosa con otra, se inserta la palabra bĭ 比 'compara' entre los dos objetos que se quiere comparar. Al igual que en español, el objeto que se está comparando viene antes que el criterio por el que se realiza la comparación.

China es mayor que Australia..	中国比澳大利亚大。(lit: China compara Australia grande) tshōng·guó bǐ áo·dá·lì·yà.
Este es mejor que ese.	这个比那个好。(lit: este compara ese mejor) tshə`gə bǐ nà·gə jǎo.

Artículos

Nombrar personas/cosas

Al construir una frase uno no tendrá que preocuparse de poner los artículos equivalentes del español 'un/una' y 'el/la', ya que el mandarín no tiene artículos. Es el propio contexto el que indica si se refiere a algo indefinido (equivalente a 'un/una') o definido (equivalente a 'el/la').

Ser/estar

Describir personas/cosas • Decir algo

Aunque en mandarín hay un verbo equivalente a los españoles 'ser/estar', shə 是, no se utiliza de la misma forma que en español. El verbo shə solo se usa con un sustantivo, como en la frase:

Soy médico.	我是医生。(lit: yo soy médico) uǒ shə yī·shə¯ng.

El verbo shə desaparece por completo con un adjetivo; en mandarín se dice literalmente 'yo sediento' no 'yo estoy sediento'. (La partícula lə 了 indica que la condición es temporal, es decir, que yo no tengo sed todo el tiempo.)

Yo estoy sediento.	我渴了。(lit: yo sediento-le) uó kě¨lə.

20

Clasificadores/contadores

Contar personas/cosas

Cuando se habla de la cantidad de cualquier sustantivo, es importante poner un clasificador o una 'palabra de medida' entre el número y el sustantivo. Este concepto no es del todo ajeno al español, pues hablamos de 'dos pares de zapatos', 'dos manojos de plátanos', 'dos hojas de papel', etc. En mandarín este sistema está algo más desarrollado y es necesario utilizar los clasificadores cada vez que se emplean números con un sustantivo. Se usan distintos clasificadores en función del tipo de objetos, teniendo en cuenta su forma, o una categoría general (basada en la lógica china) a la que pertenecen. La lista completa de clasificadores es demasiado extensa para incluirla aquí, pero los más comunes son los siguientes:

~ CLASIFICADORES/CONTADORES COMUNES ~

clasificador genérico	个	gə
cosas grandes (montañas, edificios, etc.)	座	tsuò
sillas, cuchillos, teteras, herramientas o instrumentos con asas	把	bǎ
recipientes para beber (tazas, vasos, etc.)	杯	bēi
cosas planas (billetes, sellos, etc.)	张	tshāng
flores (la flor, no las plantas)	朵	duǒ
cosas largas (peces, serpientes, ríos, etc.)	条	tiáo
animales comunes (perros, gatos, etc.)	只	tshə
personas	位	uèi
árboles	棵	kə
vehículos	辆	liàng

No hay que asustarse con este sistema, lo bueno es que se puede salir del paso utilizando solo el clasificador 'genérico' ge 个. Puede que no sea estrictamente correcto, y es posible que a uno le corrijan amablemente, pero comprenderán lo que se quiere decir.

Los clasificadores se utilizan con el pronombre demostrativo 'este' (tshə 这) y 'ese' (nà 那) y entre pronombres y sustantivos (véase también **demostrativos**).

Esta semana.	这个星期	((lit: esta-gə semana) tshə·gə shīng·chī
Esa mujer.	那位女士	(lit: esa-uèi mujer) nà uèi nǔ·shə

Conectores

Hacer preguntas • Decir algo

Para unir dos palabras o frases, se coloca una palabra de unión (o conjunción) entre los dos elementos. Las conjunciones más comunes son 'y' hə 和 y 'o' háishə 还是.

Me gusta el arroz y los fideos.	我喜欢米饭和面条。	(lit: yo gustarme arroz y fideos) uó shǐ·juān mǐ·fàn hə mièn·tiáo
¿Eres americano o español?	你是美国人还是英国人?	(lit: tú ser americana persona o española persona) nǐ shə měi·guó/shī·bān·yá rən jái·shə yīng·guó rən

Demostrativos

Dar instrucciones • Indicar un lugar • Señalar alguna cosa

Para señalar cosas se pueden utilizar las expresiones siguientes, conocidas como pronombres demostrativos.

ese/esa	那	nà
este/esta	这	tshè

Estos pronombres se pueden combinar con el clasificador genérico ge para producir las expresiones siguientes:

ese/esa de ahí	那个	nàge
este/esta de ahí	这个	tsège

Tener/haber

Poseer

Para decir que hay algo o que uno tiene algo se utiliza la palabra yǒu 有.

Yo tengo un billete.	我有票。(lit: yo tener billete) uó yǒu piào.

Para decir que no hay o que uno no tiene algo se sitúa la partícula méi 没 'no' antes de yǒu.

Yo no tengo billete.	我没有票。(lit: yo no-tener billete) uǒ méi·yǒu piào

Imperativos

Dar instrucciones

Para expresar una orden se pone énfasis en el verbo. Una orden positiva se construye simplemente diciendo el verbo con una voz de mando:

¡Vete!	滚！(lit: vete i[largo]!) Gǔn!

Para formar una orden negativa se añade antes del verbo 'no querer' bùyào 不要 (abreviado a veces a bié 别) También hay una forma educada para una orden negativa, similar a decir 'no es necesario' en español. En este caso delante del verbo se pone 'no necesidad' bùyòng 不用 o su forma abreviada béng 甭.

no querer	不要 bùyào
no querer **(forma abreviada)**	别 bié
no necesidad	不用 bùyòng
no necesidad **(forma abreviada)**	甭 béng
¡No gritéis!	不要喊！ (lit: no querer gritar) búyào jǎn!
¡No es necesaria tanta formalidad!	不用客气！ (lit: no necesidad formalidad) búyòng kəchi!

Necesitar

Decir algo

El verbo 'necesitar' se expresa con la palabra compuesta shǔyào 需要, que incluye la palabra yào 要 'querer'.

Yo necesito ir al baño.	我需要上厕所。 (lit: yo necesitar usar baño) uǒ shǔyào shàng tsə ·suǒ.

Al igual que con el resto de negativos, para decir que uno no necesita algo, se coloca bù 不 'no' antes de shǔyào.

No necesito dinero.	我不需要钱。 (lit: yo no-necesitar dinero) uǒ bù shǔyào chién.

Negativos

Negar

Para formar frases en negativo se coloca la partícula bù 不 'no' antes del verbo o adjetivo que se quiere negar. (Cuando aparece antes de una palabra con un mismo tono, bù cambia a tono ascendente).

No tengo hambre. 我不饿。 (lit: yo no hambre)
uǒ bú è.

No está bien. 不行。 (lit: no aceptable)
bù shíng.

Se utiliza la partícula méi 没 en vez de bù para convertir en negativa la palabra 'tener' y también cuando la frase se refiere a hechos pasados.

No he comido. 我没吃午饭。 (lit: yo méi comer almuerzo)
uǒ méi·tshə ǔfàn.

Nombres

Nombrar personas/cosas

Los sustantivos suelen estar formados por dos palabras (caracteres) llamadas compuestas. Los sustantivos sólo tienen una forma fija y no muestran género (masc, fem, etc.) ni número (sing o pl).

comida/comidas 午饭 (lit: arroz-media tarde mañana)
uǒfàn

Partículas

Hacer cosas • Decir algo

En mandarín se utilizan las partículas. Estas son 'palabras con función' que no necesariamente tienen un significado propio, pero que desempeñan una función gramatical dentro de una frase.

Cuando la partícula le 了, por ejemplo, acompaña a un verbo, indica que una acción se ha completado.

Pronombres

Decir algo • Nombrar personas/cosas

Los pronombres no cambian su forma en función de si son el sujeto (el que realiza la acción, por ejemplo, 'yo') o el objeto (sobre el que recae la acción, por ejemplo, 'a mí') de una frase. Obsérvese que aunque 'el/lo, le' , 'ella/la, le' y 'ello' se representan por caracteres diferentes, se pronuncian exactamente igual.

~ PRONOMBRES ~

yo/a mí	我	uǒ
tú/a ti	你	nǐ
él/lo, le	他	
ella/la, le	她	tā
ello	它	
nosotros	我们	uǒmen
vosotros	你们	nǐmen
ellos	他们	tāmen

Se puede comprobar que los pronombres en plural se forman añadiendo men 们 a las formas en singular.

Posesivos

Poseer

Para mostrar posesión no hay más que añadir de 的 a un pronombre personal y colocar después el objeto o persona que se posee.

mi pasaporte	我的护照 (lit: yo-de pasaporte)
	uǒde jùtshào
tu niño	你的孩子 (lit: tu-de niño)
	nǐde jáitse

~ POSESIVOS ~

mi	我的	uŏde
tu(s)	你的	nĭde
su(s)	他的/她的/它的	tāde
nuestro(s)	我们的	uŏmende
vuestro(s)	你们的	nĭmende
su(s)	他们的	tāmende

Preposiciones

Dar instrucciones • Indicar lugar/hora •
Señalar alguna cosa

En una frase, la relación de tiempo entre un sustantivo y otra palabra se refleja con el uso de preposiciones de tiempo.

Vi la televisión antes de comer.	我吃饭前看了电视。 (lit: yo como-arroz después ver televisión) uŏ tshəfàn chién kànlə diènshə.

~ PREPOSICIONES ~

después	后	jòu
antes	前	chien
hasta	到	dào

La ubicación se indica con la palabra tsài 在, que significa literalmente 'está situado'. La palabra tsài se utiliza con casi todas las preposiciones de lugar (palabras como 'enfrente' o 'detrás' que indican una relación espacial). Fíjese como tsài viene antes, pero no necesariamente delante de, la preposición de la frase.

El banco está enfrente del hotel.	银行在酒店对面。(lit: banco está-situado hotel enfrente) yínjáng tsài chiŏudièn duèimièn.

| **Estás sentado detrás de mí.** | 你坐在我的后边。
(lit: tú sentar estar-situado mi detrás)
nǐ tsuò tsài uǒdə jòubiēn. |

Preguntas

Hacer preguntas • Responder preguntas • Negar

La manera más común para formular preguntas es poniendo la partícula ma 吗 al final de una afirmación.

| **Va a ver la Gran Muralla.** | 他要去长城。
(lit: él va Gran-Muralla)
tā yàochû cháng·cháng |
| **¿Va a ver la Gran Muralla?** | 他要去长城吗?
(lit: él va Gran-Muralla ma)
tā yàochû cháng·cháng ma |

~ PRONOMBRE INTERROGATIVO ~

quién	谁	shéi/shuí
cuál	哪个	năge
qué	什么	shénme
dónde	哪儿	năr
cómo	怎么	zěnme
cuándo	什么时候	shénme shíhòu

En mandarín no existen palabras que al utilizarse solas se correspondan directamente con 'sí' y 'no'. Para responder a una pregunta afirmativamente, se repite el verbo utilizado en la pregunta. Para contestar con una negación se coloca la partícula bù 不 'no' antes del verbo. La partícula ma 吗 es un indicador de pregunta (véase la explicación arriba).

| **¿Tienes hambre?** | 你饿吗?
(lit: tú hambre ma)
nǐ è ma? |

Sí.	饿。(lit: hambre) è.
No.	不饿。(lit: no hambre) bù è.

También se puede escuchar la palabra duèi 对 como equivalente de 'sí'. Literalmente significa 'correcto'. En negativo se convierte en bú duèi 不对 ('no correcto').

¿Te vas mañana?	你明天走吗? (lit: tú mañana ir ma) nǐ míngtiēn zǒu ma?
Sí, me voy.	对, 明天走。 (lit: correcto mañana ir) Duì, míngtiān zǒu.
No, me voy hoy.	不(对)，我今天走。 (lit: no (correcto) yo hoy ir) bù (duèi), wǒ yīntiān tsǒu.

Verbos

Hacer algo • Expresar acciones pasadas/futuras

Los verbos en mandarín no cambian su forma en función de quién es o qué es el sujeto (persona o cosa que realiza la acción del verbo) como ocurre en español, por ejemplo, 'yo soy' pero 'tú eres', 'él es', etc. Como cada verbo solo tiene una única forma, no será necesario memorizar conjugaciones verbales. En la tabla que aparece a continuación se puede comprobar el funcionamiento con el verbo chī 吃 'comer'.

~ PRESENTE ~

Yo como.	我吃饭。 uǒ tshə̄ fàn.	Nosotros comemos.	我们吃饭。 uǒmən tshə fàn.
Tú comes.	你吃饭。 nǐ tshə̄ fàn.	Vosotros coméis.	你们吃饭。 nǐmən tshə fàn.
Él/ella come.	他/她/它吃饭。 tā tshə̄ fàn.	Ellos comen.	他们吃饭。 tāmən tshə fàn.

Los verbos en mandarín también mantienen su forma independientemente del momento en que se produce una acción, esto es, no reflejan tiempo. El tiempo en el que sucede algo se puede transmitir utilizando un adverbio de tiempo (palabras que modifican el verbo e indican el momento en el que ocurre la acción). Así pues, para hablar de cosas del pasado, presente o futuro se coloca un adverbio de tiempo antes del verbo como 'antes' (yīchién 以前), 'el año pasado' (chùnién 去年), 'ahora' (shièntsài 现在), 'mañana' (míngtiēn 明天) o '(esta) mañana' (tsǎoshàng 早上) para precisar cuándo se produjo la acción.

Mañana iré a Beijing.
我明天去北京。
(lit: yo mañana ir Beijing)
uǒ míngtiēn chū běichīng.

Ahora ella vive en Beijing.
她现在住在北京。
(lit: ella ahora vivir en Beijing)
tā shièntsài tshù tsài běichīng.

Por la mañana no comí nada.
我早上什么也没吃。
(lit: yo mañana no-comer comida)
uó tsǎoshàng méichø fàn.

Formas alternativas del pasado

La partícula le 了 se puede añadir detrás de un verbo para indicar que una acción se ha completado. En muchos casos esto es como el pasado en español.

Él se ha ido a Shangai.
他去了上海。
(lit: él ir-le Shanghai)
tā chǔ·lø shàng·hǎi

Se emplea la partícula guò 过 para las cosas que han sucedido en algún momento del pasado sin determinar.

Yo he estado en Taiwán.
他去过台湾。
(lit: yo ir-guò Taiwán)
uǒ chǔ·guò tái·uān

Formas alternativas del futuro

El verbo yào 要 'querer', situado antes de un verbo, puede utilizarse para indicar el futuro. Si uno no está seguro de lo que hará mañana, se puede sustituir por shiǎng 想 'apetecer' o dǎsuàn 打算 'planear'.

Me voy a Hong Kong.	我要去香港。 (lit: yo querer ir Hong-Kong) uǒ yào chù shiǎng·gǎng
Me apetece ir a Hong Kong.	我想去香港。 (lit: me apetece ir Hong-Kong) uó shiǎng chù shiǎng·gǎng
Estoy pensando ir a Hong Kong.	我打算去香港。 (lit: yo pensar ir Hong-Kong) uó dǎsuàn chù shiǎng·gǎng.

Querer

Decir algo

El verbo 'querer' se expresa con el verbo shiǎng 想. Para decir que no se quiere algo, se coloca la partícula negativa bù 不 'no' antes de shiǎng.

Yo quiero comer.	我想吃。(lit: yo querer comer) uó shiǎng tshī.
Yo no quiero comer.	我不想吃。(lit: yo no querer comer) uǒ bù shiǎng tshī.

Orden de las palabras

Decir algo

En las frases elementales, el orden de las palabras es el mismo que en español, es decir, sujeto-verbo-objeto.

Yo como una comida.	我吃饭。(lit: yo como arroz) uǒ tshə fàn.

Lo básico

HACERSE ENTENDER	32
NÚMEROS Y CANTIDADES	34
HORAS Y FECHAS	38

Hacerse entender

FRASES ÚTILES

¿Hablas inglés?	你会说英文吗？	nǐ juèi·shuō yīng·uən ma?
No entiendo.	我不明白。	uǒ bù míng·bái.
¿Qué quiere decir ... ?	……是什么意思？	... shì shénme yìsi?

P ¿Hablas inglés?	你会说英文吗？ nǐ juèi·shuō yīng·uən ma?	
P ¿Alguien habla inglés	有谁会说英文吗？ yǒu shéi juèishuō yīng·uən ma?	
R Hablo un poco.	我会说一点。 uǒ juèishōu yīdiěn	
P ¿Entiendes?	你明白吗？ nǐ míngbái ma	
R Entiendo.	明白。 míng·bái	
R No entiendo.	我不明白。 uǒ bù míng·bái.	
¿Puede escribirme eso en pinyin?	请用拼音写。 chǐng yòng pīnyīn shiě	
¿Me puede escribir eso en caracteres chinos?	请用中文写下来。 chǐng yòng tshōnguə´n shiěshiàlái	
Por favor, indique la frase en este libro.	请指出书上的范句。 chǐng tshǎ shūshàng də fànchǔ.	

SOBRE EL IDIOMA

Tonos imposibles

El mandarín es un idioma tonal (véase **pronunciación**, p. 13). Mientras que este hecho puede causar dificultades a los que visitan el país, también es una fuente de regocijo para los chinos que se cruzan con extranjeros. Por ejemplo los diplomáticos extranjeros (uàichiāoguān 外交官) suelen presentarse en mandarín como uāichiāoguǎn 歪胶管 (lit: 'goma dobladas cañerías').

La gente del sur del país, sobre todo los que hablan cantonés, son conocidos en Beijing por mezclar los sonidos 'sibilantes' como 's', 'sh' y 'ts'. Existe una serie de trabalenguas, como el siguiente, para descartar a los pretendientes del sur:

| 四十四只石狮子是死的。 | səshəsə tshə shəhəsə shəsədə 44 leones de piedra están muertos. |

¿Qué quiere decir ... ?	……是什么意思? ... shì shénme yìsi?
¿Cómo se pronuncia esto?	怎么念这个? tsənmə nièn tshəgə?
¿Cómo se escribe ...?	怎么写...? tsənmə shiě ……?
¿Puede repetir eso, por favor?	请你再说一遍? chíng nǐ tsài shuō yíbièn?
¿Puede escribirlo, por favor?	请你写下来? chíng nǐ shiěshiàlái?
¿Puede hablar más despacio, por favor?	请你慢一点说? chíng nǐ màn yīdiěn shuō?

| ✂ Más despacio. | 请慢点。 | chíng màndiǎn. |

LO BÁSICO

HACERSE ENTENDER

Números y cantidades

FRASES ÚTILES

¿Cuánto?	多少？	duōshǎo?
algunos	一些	yīshiē
bastantes	许多	jǎoduō

Números cardinales

Los números en mandarín son fáciles de aprender. Los múltiplos de 10 se forman diciendo el múltplo seguido de 10, de forma que 20 es literalmente 'dos diez'. El dos es un número peliagudo que se pronuncia generalmente èr a menos que vaya unido de un clasificador, en cuyo caso se pronuncia liǎng (véase p. 20).

0	零	líng
1	一	yī
2	二/两	ər/liǎng
3	三	sān
4	四	sì
5	五	ǔ
6	六	liòu
7	七	chī
8	八	bā
9	九	chiǒu
10	十	shə
11	十一	shəyī
12	十二	shə'ə`r
13	十三	shəsān

14	十四	shəsə
15	十五	shəǔ
16	十六	shəliòu
17	十七	shəchī
18	十八	shəbā
19	十九	shəchiǒu
20	二十	ərshə
21	二十一	ərshəyī
22	二十二	ərshəər
30	三十	sānshə
40	四十	səshə
50	五十	ǔshə
60	六十	liòushə
70	七十	chīshə
80	八十	bāshí
90	九十	chiǒushə
100	一百	yībǎi
101	一百零一	yībǎi língyī
103	一百零三	yībǎi língsān
113	一百一十三	yībǎi yīshəsān
122	一百二十二	yībǎi ərshə´ə`r
200	两百	liángbǎi
1000	一千	yīchiēn
10 000	一万	yīuàn
1 000 000	一百万	yībǎiuàn
100 000 000	一亿	yīyì

LO BÁSICO · **NÚMEROS Y CANTIDADES**

Números ordinales

1º	第一	dìyī
2º	第二	dìər
3º	第三	dìsān
4º	第四	dìsə
5º	第五	dìǔ

Fracciones

un cuarto	四分之一	səfəntshəyī
un tercio	三分之一	sānfəntshəyī
un medio	一半	yíbàn
tres cuartos	四分之三	səfəntshəsān
todo	所有	suóyǒu
nada	没有	méiyǒu

Clasificadores/contadores

Estos son los clasificadores más comunes o 'contadores' que se utilizan cuando se cuentan cosas (véase también **gramática**, p. 20).

clasificador genérico	个	gə
cosas planas (billetes, sellos, etc.)	张	tshāng
cosas largas (peces, serpientes, ríos, etc.)	条	tiáo
gente	位	uèi
animales comunes (perros, pollos, etc.)	只	tshə
cosas grandes (montañas, edificios, etc.)	座	tsuò

Cantidades

El chino tiene un juego completo de palabras para designar los pesos y medidas del sistema imperial. Estas palabras se han reescrito excepto en Hong Kong y Taiwán para el sistema métrico, por lo que los extranjeros, como mucho, tendrán que multiplicar por dos para obtener el equivalente en sistema métrico.

¿Cuánto es?	多少?
	duōshǎo?
¿Cuánto hay?	几个?
	chǐgə?
Por favor, deme ...	请给我……
	chǐng géi uǒ ...

(50) gramos	(50)克	(ushə) kè
1 onza china (50 gramos)	1两	yīliǎng
1 libra china (unos 0,6 kg)	1斤	yīchīn
(dos) libras chinas	(两)斤	(liǎng) chīn
un kilo	1公斤	yīgōngchīn
(dos) kilos	(两)公斤	(liǎng) gōngchīn
unos cuantos	一些	yīshiē
menos	少一点	shǎoyīdiēn
un poco	一小块	yīshiǎokuài
un montón	好多	jǎoduō
muchos	许多	shǔduō
más	多一些	duōyīshiē
algunos	一些	yīshiē

Horas y fechas

FRASES ÚTILES

¿Qué hora es?	现在几点钟？	sièntsài chídiēn tshōng?
¿A qué hora?	什么时候？	shəmə shəjòu?
¿Qué día es hoy?	今天几号？	chīntiēn chǐ jào?

Decir la hora

Es sencillo decir la hora en mandarín. Para dar las horas en punto se dice la hora seguida de diēn 点 'en punto' y tshōng 钟 'reloj'. Para el resto de las horas, se dice la hora seguida de diēn 点 y después el número de minutos que pasan de la hora seguidos de la palabra fēn 分 'minutos'. Por ejemplo, la traducción literal de 'diez y cinco' es 'diez en punto cinco minutos'.

P ¿Qué hora es?	现在几点钟？	sièntsài chídiēn tshōng?
R Son (10) en punto.	（十）点钟。	(shə)diēn tshōng.
(10) y cinco.	（十）点零五分。	(shə)diēn ǔfən.
(10) y cuarto.	（十）点十五分。	(shə)diēn shəǔfən.
(10) y media.	（十）点三十分。	(shə)diēn sānshəfən.
(11) menos veinte.	（十）点四十分。	(shə)diēn səshəfən.
(11) menos cuarto.	（十）点四十五分。	(shə)diēn səshəǔfən.
por la mañana	早上	tsǎoshàng
por la tarde/noche	晚上	uǎnshàng

P ¿A qué hora (empieza)?	什么时候 （开始）？	shəmə shəjòu (kāishə)?
R (Empieza) a las diez.	十点钟 （开始）。	shədiēn tshōng (kāishə).
R Empieza a las (21.57).	（晚上9点57分） 开始。	(uǎnshàng chióudiēn ǔshəchīfən) kāishə.

En China la comida es tan importante que algunas partes del día se definen en base a si caen antes o después de las comidas.

tarde	下午	shiàǔ
amanecer (antes de desayunar)	黎明	límíng
día	白天	báitiēn
por la mañana (después de desayunar)	早上	tsǎoshàng
por la noche (después de cenar)	晚上	uǎnshàng
por la mañana (antes de comer)	上午	shàngǔ
mediodía (comida y hora de la siesta)	中午	tshōngǔ
noche (hora de dormir)	深夜	shənyè
al alba	日出	rəchū
puesta de sol	日落	rəluò

El calendario

Los días de la semana siguen un modelo muy sencillo. Primero viene la palabra 'semana' (shīngchī 星期) seguida de los números del uno al seis (empezando en lunes). El domingo es el 'día del cielo', el día de adoración que existe en el mundo occidental, de donde se tomó la semana de siete días.

40

lunes	星期一	shīngchī yī
martes	星期二	shīngchī ər
miércoles	星期三	shīngchī sān
jueves	星期四	shīngchī sə
viernes	星期五	shīngchī ǔ
sábado	星期六	shīngchī liòu
domingo	星期天	shīngchī tiēn

LO BÁSICO — HORAS Y FECHAS

Al igual que los números, los meses también siguen un sistema de lógica pura. La palabra 'mes' (yüè 月) viene precedida con los números del uno al doce empezando por enero. El calendario occidental se importó a China hace tan sólo unos doscientos años y como se consideró bastante extraño, se evitó complicarlo más con términos lingüísticos.

enero	一月	yīyüè
febrero	二月	əryüè
marzo	三月	sānyüè
abril	四月	səyüè
mayo	五月	ǔyüè
junio	六月	liòuyüè
julio	七月	chīyüè
agosto	八月	bāyüè
septiembre	九月	chiǒuyüè
octubre	十月	shəyüè
noviembre	十一月	shəyīyüè
diciembre	十二月	shəəryüè

P ¿Qué día es hoy? 今天几号？ chīntiēn chǐ jào?

R Es (18 de octubre). (十月十八号)。 (shəyüè shəə'bā jào).

primavera	春天	tshuəntiēn
verano	夏天	shiàtiēn
otoño	秋天	chiōutiēn
invierno	冬天	dōngtiēn

Presente

ahora	现在	shièntsài
hoy	今天	chīntiēn
esta mañana (después de desayunar)	这个早上	tshəgə tsǎoshang
esta mañana (antes de comer)	这个上午	tshəgə shàngu
esta tarde	这个下午	tshəgə shiàu
esta noche	今天晚上	chīntiēn uǎnshang
esta semana	这个星期	tshəgə shīngchī
este mes	这个月	tshəgə yüè
este año	今年	chīnnién

Pasado

hace (tres días)	(三天)以前	(sāntiēn) yǐchién
anteayer	前天	chiéntiēn
ayer por la mañana (después de desayunar)	昨天早上	tsuótiēn tsǎoshang
ayer por la mañana (antes de desayunar)	昨天上午	tsuótiēn shàngwǔ
ayer por la tarde	昨天下午	tsuótiēn shiàǔ
ayer por la noche (después de cenar)	昨天晚上	tsuótiēn uǎnshàng

anoche	昨天晚上	tsuótiēn uǎnshàng
la semana pasada	上个星期	shàng gə shīngchī
el mes pasado	上个月	shàng gə yüè
el año pasado	去年	chùnién
desde (mayo)	从(五月)以来	tsóng (ǔyüè)

Futuro

en (seis días)	(六天)以后	(liòutiēn) yǐjòu
pasado mañana	后天	jòutiēn
mañana por la mañana (después de desayunar)	明天早上	míngtiēn tsǎoshàng
mañana por la mañana (antes de desayunar)	明天上午	míngtiēn shàngǔ
mañana por la tarde	明天下午	míngtiēn shiàǔ
mañana por la noche (después de cenar)	明天晚上	míngtiēn uǎnshàng
la próxima semana	下个星期	shiàgə shīngchī
el próximo mes	下个月	shiàgə yüè
el próximo año	明年	míngnién
hasta (junio)	到(六月)为止	dào (liòuyüè)

En práctica

TRANSPORTE	44
CRUCE DE FRONTERAS	61
DIRECCIONES	63
ALOJAMIENTO	66
DE COMPRAS	78
COMUNICACIONES	88
DINERO Y BANCOS	94
NEGOCIOS	97
TURISMO	100
VIAJEROS MAYORES Y DISCAPACITADOS	106
VIAJAR CON NIÑOS	108

Transporte

FRASES ÚTILES

¿Cuándo pasa el siguiente autobús?	下一趟车几点走?	shiàyítàng tshə chídiěntsǒu?
Un billete a ...	一张到……的票。	yī·tshāng dào ... də piào.
¿Me puede decir cuándo llegamos a ...?	到了……请叫我,好吗?	dàolə ... chǐng chiào uǒ jǎoma?
Por favor, lléveme a esta dirección.	请带我到这个地址。	chǐng dài uǒ dào (tshəgə dìtshə).
Quiero alquilar un automóvil.	我想租一辆轿车。	uóshiǎng tsūlin yílàng chiàotshē.

Cómo desplazarse

¿Qué ... va a (Hangzhou)?	到(杭州)坐什么……? dào (jángtshōu) tshuò shénme ... ?
¿Es este el ... que va a (Hangzhou)?	这个……到(杭州)去吗? tshəgə ... dào (jángtshōu) qù ma?

barco	船	tshuán
autobús	车	tshə
avión	飞机	fēichī
tren	火车	juǒ·tshə

¿Cuándo pasa el primer autobús?	首班(车)几点走？ shŏutàng (tshə) chídiěntsŏu?	
¿Cuándo pasa el último autobús?	末班(车)几点走？ mòtàng (tshə) chídiěntsŏu?	
¿Cuándo pasa el siguiente autobús?	下一趟(车)几点走？ shiàyítàng (tshə) chídiěntsŏu?	
¿A qué hora sale?	几点钟出发？ chídiěntshōng kāi?	
¿A qué hora llega a (Hangzhou)?	几点钟到(杭州)？ chídiěntshōng dào (jángtshōu)?	
¿Cuánto se retrasará?	推迟多久？ juèi tshə duōchiǒu?	
¿Está libre este asiento?	这儿有人吗？ tshər yǒurən tsuò ma?	

✂ ¿Está libre?	有人？	yǒurən?

Ese es mi asiento.	那是我的座。 nà shə wǒdə tsuò uei.
¿Me puede decir cuándo llegamos a (Hangzhou)?	到了(杭州)请叫我，好吗？ dàolə (jángtshōu) chǐng chiào wǒ jǎoma?
Quiero bajarme aquí.	我想这儿下车。 wǒ tshiǎng shèr shiàtshə.
¿Cuánto tiempo paramos aquí?	在这里停多久？ tsài tshəlǐ yào tíng dōuchiǒu?
¿Está esperando a más gente?	还等人吗？ jáidǎng rən ma?
¿Nos puede dar una vuelta por la ciudad, por favor?	请带我到城里转一圈。 chǐng dàiuǒ dào tshənglǐ tshuàn yī chüēn.
¿Cuánta gente cabe aquí?	车上能坐多少人？ tshə·shang nəng·tsuò duō·shǎo rən?

Comprar billetes

En los trenes chinos no hay clases propiamente dichas, pero se puede elegir entre asiento duro (yìngtshuò 硬座) o blando (ruǎntshuò 软座) y litera dura (yìnguò 硬卧) o blanda (ruǎnuò 软卧). En los barcos de largo recorrido, sí existen clases.

¿Dónde puedo comprar un billete?	哪里买票？	nálǐ mǎi piào?
¿Es necesario reservar?	要先订票吗？	yào shiēn·dìngpiào ma?
Un billete ... a (Dalian).	一张到(大连)的……票。	yītshāng dào (Dàlián) də ... piào.

1ª clase	头等	tóuděng
2ª clase	二等	ərděng
3ª clase	三等	sānděng
niño	儿童	ərtóng
ida	单程	dāntshəng
ida y vuelta	来回	láihuí
estudiante	学生	shuéshēng

Me gustaría viajar en tren ...	我想坐……	uóshiáng zuò ...

directo	直达车	tshəkuài tshə
expreso	特快车	təkuài tshə
rápido	快车	kuài tshə
local	普通车	pǔtōng tshə
lento	慢车	màn chē

Quería un billete en asiento duro.	我想买硬座票。	uó·shiáng mǎi yìngtsuò piào.
Quería un billete en asiento blando.	我想买软座票。	uǒ shiāng mǎi ruǎntsuò piào.

Comprar billetes

¿Cuándo sale el próximo ...?
下一趟……几点走?
shià yítàng ... chídiěn tsǒu?

- **barco** 船 tshuán
- **autobús** 车 tshə
- **tren** 火车 juǒtshə

Un billete de ... , por favor.
一张到的……票。
yītshāng dào ... piào.

- **ida** 单程 dāntshəng
- **ida y vuelta** 来回 láihuí

Quería un asiento ...
我想要……的座位。
uǒ shiǎngyào ... de tsuòuèi.

- **de pasillo** 靠走廊 kào tsǒuláng
- **de ventana** 靠窗户 kào chuānghu

¿De qué andén sale?
这列火车从几号站台出发?
liè juǒtshə cóng jǐhào tshàntái chūfā?

SOBRE LA CULTURA

Sin empujones

Es posible que comprar un billete en China se convierta en una auténtica pesadilla. Delante de las ventanillas de venta de billetes se forman colas interminables y las normas occidentales de no empujar y no colarse, simplemente, no se aplican. Una posibilidad para intentar superar estas dificultades es buscar a alguien que quiera practicar sus conocimientos de inglés y que se ofrezca para ayudar al viajero. Se pueden hacer las siguientes preguntas:

¿Hablas inglés?	你会说英文吗? nǐ juèishuō yīnguən ma?
¿Alguien habla inglés?	有谁会说英文吗? yǒu shé juèishuō yinguən ma?

Para facilitar las cosas, uno puede llevar escrito en mandarín el detalle de los billetes que necesita para mostrarlo en la ventanilla. Para conseguir que alguien escriba el mensaje se pueden emplear las siguientes frases:

¿Me puede escribir la información de los billetes en caracteres chinos?	请帮我用 中文写车票的 详细情况。 chǐng bānguó yòng tsōngwén shiě tshəpiào de shiángshì chíngkuàng.
¿Me puede escribir (Dalian) en caracteres chinos?	请帮我用中文 写下(大连)。 chǐng bānguó yòng tsōngwén shiěshià (dàlién).

Armado con este trozo de papel, uno obtendrá los billetes que quiera, siempre y cuando consiga llegar hasta el principio de la cola

Quería una litera dura.	我想坐硬卧。 uó·shiáng tsuò yìnguò.	
Quería una litera blanda.	我想坐软卧。 uó·shiáng tsuò ruǎnuò.	
Quería la litera de abajo.	我想睡下铺。 uó·shiǎng shuèi shiàpù.	
Quería la litera central.	我想睡中铺。 uó·shiǎng shuèi tshōngpù.	
Quería la litera de arriba.	我想睡上铺。 uó·shiǎng shuèi shàngpù.	
Quería un asiento de pasillo.	我想要靠走廊的座位。 uó·shiǎngyào kào tsǒuláng de tsuòuèi.	
Quería un asiento de ventana.	我想要靠窗户的座位。 uó·shiǎngyào kào chuānghu de tsuòuèi.	
Quería un asiento de (no) fumador.	我想要(不)吸烟的座位。 uó·shiǎngyào (bù) shīyān de tsuòuèi.	

🔊 SE OIRÁ

到哪里？	Dào ná·lǐ?	¿Dónde está/hay?
旅行社	lǚshíng shə	agencia de viajes
满	mǎn	lleno
取消	chû shiāo	cancelado
时刻表	shəkə biǎo	horario
售票窗	shòupiào chuāng	taquilla
晚点	uandiěn	retrasado
站台	tshàntái	andén
这个/那个	tshəgə/nàgə	este/ese

50

| ¿Tiene ...? | 有……吗？
Yǒu ... ma? |

aire acondicionado	空调	kōngtiáo
manta	毛毯	máotǎn
bolsa para el mareo	呕吐袋	ǒutù dài
aseos	厕所	tsəsuǒ

Quiero cancelar mi billete.	我想退票。 uó·shiǎng tuèi piào.
Quiero cambiar mi billete.	我想改票。 uó·shiǎng gǎi piào.
Quiero confirmar mi billete.	我想确定票。 uó·shiǎng chüèdìng piào.
¿Me puede dar un billete sin reserva?	能买站台票吗？ nəng·mǎi tshàntái piào ma?
¿Cuánto cuesta un billete (asiento blando) a ...?	到……的(软座票)多少钱？ dào ... də (ruǎntsuò piào) duōshǎo chién?
¿Cuánto dura el viaje?	几个小时到站？ chǐgə shiǎoshí dàotsàn?
¿El trayecto es directo?	是直达的吗？ shə tshətōngdə ma?
¿A qué hora debo facturar?	什么时候检票？ shénme shíhou yiǎnpiào?
¿De qué andén sale?	这列火车从几号站台出发？ liè juǒtshə cóng yǐhào tshàntái chūfā?

Equipaje

| ¿Me puede dar monedas/fichas? | 我想换一些硬币。
uóshiǎng juàn yìshiē yìngbì. |

🔊 SE OIRÁ

超重行李	guòtshòng shínglǐ	exceso de equipaje
手提行李	shǒutí shíngli	equipaje de mano
行李票	shíngli piào	billete

¿Dónde está ...? ……在哪里？
... tsài nǎli?

la recogida de equipaje	取行李	chǔ shíngli
la oficina de equipajes perdidos	行李寄存处	shíngli shìcún tshù
una consigna de equipajes	行李暂存箱	shíngli chìtsuənshiāng
un carrito	小推车	shiǎo tuīshē

Mi equipaje ha sido dañado.
我的行李被摔坏了。
uǒdə shíngli bèi shuāijuài lə.

Mi equipaje ha sido perdido.
我的行李被弄丢了。
uǒdə shíngli bèi nòngdiōu lə.

Mi equipaje ha sido robado.
我的行李被偷走了。
uǒdə shíngli bèi tōutsǒu lə,

Avión

¿De dónde sale el vuelo (BJ8)?
(BJ8)飞机在哪里起飞？
(bā tshəi bā jào) bā fēichī tsài nǎli chǐfēi?

¿Adónde llega el vuelo (BJ8)?
(BJ8)飞机在哪里抵达？
(bā tshəi bā jào) bā fēichī tsài nǎli dǐdá?

¿Dónde está ...? ……在哪里?
... tsài nǎli?

la lanzadera al aeropuerto	机场巴士	chītshǎng bāshì
la zona de llegadas	入境口	rùchìng kǒu
la zona de salidas	出境口	tshūchìng kǒu
la tienda de 'duty-free'	免税店	miěnshuèi dièn
la puerta (8)	(8号)登机口	(bā jào) dəng chī kǒ

Autobús y autocar

¿Cada cuánto pasan los autobuses?
多久来一班车?
duōshiǔ lái yībān tshə?

¿Qué autobús va a (Harbin)?
到(哈尔滨)坐几号车?
dào (jāěrbīn) tsuò chǐjào tshə?

¿Para en (Harbin)?
在(哈尔滨)能下车吗?
tsài (jāěrbīn) nəng shià tshə ma?

¿Cuál es la siguiente parada?
下一站是哪里?
shiàyí tshàn shì náli?

Me quiero bajar en (Harbin).
我在(哈尔滨)下车。
uǒ tsài (jāěrbīn) shià·tshə

¡Por favor, dejen de empujar!
不要挤!
búyào chǐ!

tarjeta de embarque
登机牌
dəngchì pái

pasaporte
护照
jùtshào

trasbordo
转机
tshuǎnchī

tránsito
过境
guòchìng

ciudad	市内 shənèi
autobús urbano	市内大巴 shənèi dàbā
interurbano	长途 tshángtú
autobús interurbano	长途车 tshángtú tshē
local	本地 běndì
autobús privado	小巴 shiăobā
autocar con literas	卧铺长途车 uòpù tshángtú tshē

Metro y tren

¿De qué andén sale el tren ...?	……列火车到几号站台？ ... liè juǒtshə dào jǐhào tshàntái?
¿Qué estación es esta?	这是哪个站？ tshə shə năgə tshàn?
¿Cuál es la siguiente estación?	下一站是哪里？ shiàyí tshàn shə năli?
¿Para en (Tianjin)?	在(天津)能下车吗？ tsài (tiēnchīn) nəng shià tshə ma?
¿Tengo que hacer trasbordo?	需要换车吗？ shŭyào juàntshə ma?
¿Qué línea va a ...?	到……坐哪条线？ dào ... tsuò năgə shièn?
¿Cuántas paradas hay hasta ...?	到……坐几站？ dào ... tsuò chǐtshàn

¿Es directo?	是直达车吗？ shə tshətōng tshəma?
¿Es expreso?	是特快车吗？ shə təkuài tshəma?
¿Cuál es el vagón restaurante?	吃饭到几号车厢？ tshəfàn dào chǐjào tshəshiāng?
¿Cuál es el vagón con las literas blandas?	软卧在几号车厢？ ruǎnuò tsài chǐjào tshəshiāng?

Barco

¿Cuánto dura el trayecto a ...?	几个小时到……？ chǐgə shiǎoshə dào ...?
¿Hay un barco rápido?	有快艇吗？ yǒu kuàitǐng ma?
¿Cuánto tiempo pararemos aquí?	这里停留多久？ tshəli tínglióu duōchiǒu?
¿A qué hora debemos estar de vuelta en el barco?	几点钟再上船？ chídiěntshōng tsài shàngshuán?
¿Hay karaoke a bordo?	船上有卡拉 O K 吗？ tshuánshang yǒu kǎlā ōkèi ma?
¿Hay chalecos salvavidas a bordo?	船上有救生衣吗？ tshuánshang yǒu chiòushəng yī ma?
¿Hay baño a bordo?	船上有厕所吗？ tshuánshang yǒu tsəsuǒ ma?
¿Cómo está hoy el mar?	今天海浪大不大？ chīntiēn jǎilàng dàbúdà?
Estoy mareado.	我有点恶心。 uǒ yóudiěn əshīn.

camarote	船舱 tshuántsāng
capitán	船长 tshuántshǎng
cubierta	甲板 chiábǎn
'ferry'	渡船 dùtshuán
bote salvavidas	救生艇 chiòushəng tǐng
chaleco salvavidas	救生衣 chiòushəng yī
yate	帆船 fántshuán

还等人吗？
jáidəng rən ma?
¿Está esperando a más gente?

Automóvil de alquiler y taxi

Quiero un taxi para salir a las (9.00).	我要订一辆出租车, (早上9点钟)出发。 uŏ yào dìng yígə tshūtsū tshə (tsăoshang chióudiĕn tshōng) tshūfā.
Quiero un taxi.	我要订一辆出租车, 现在。 uŏ yào dìng yígə tshūtsū tshə, shièntsài.
Quiero un taxi para mañana.	我要订一辆出租车, 明天。 uŏ yào dìng yígə tshūtsū tshə, míngtiēn.
¿Dónde está la parada de taxis?	在哪里打出租车? tsài năli dă tshūtsū tshə?
¿Está libre este taxi?	这出租车有人吗? tshə tshūtsū tshə yŏurən ma?
✂ **¿Está libre?**	有人? yŏurən?
Por favor, ponga el taxímetro.	请打表。 chǐng dábiăo.
A (la Gran Muralla), si le va bien.	(长城), 好吗? (tshángtshəng) jăo ma?
¿Cuánto cuesta ir a (la Gran Muralla)?	到(长城)多少钱? dào (tshángtshəng) duōshăo chién?
Quiero alquilar un automóvil.	我想租一辆轿车。 uó shiăng tsū yílàng chiàotshə.
Quiero contratar un automóvil con chófer.	我想包一辆车。 uó shiăng bāo yígə tshə.
¿Cuánto cuesta alquilar un automóvil con chófer para ir a …?	包一辆车到…… 多少钱? bāo yígə tshə dào … duōshăo chién?

¿Tiene aire acondicionado?	有空调吗？ yǒu kōngtiáo ma?
¿Está incluida la gasolina?	包括汽油吗？ bāokuò chìyóu ma?
¿Está incluido el peaje?	包括路费吗？ bāokuò lùfèi ma?
¿Me puede dar un recibo del peaje?	请给我发票。 chǐng géi uǒ fèi piào.
¿Cuánto cuesta ir a (esta dirección)?	（到这个地址）多少钱？ (tshəgə dìtshə) duōshǎo chién dào?
Por favor me lleva a (esta dirección).	请带我到（这个地址）。 chǐng dàiuǒ dào (tshəgə dìtshə).

✂ A ...	去……	Chù ...

Parece que su taxímetro no funciona.	你的表有问题。 nǐda biǎo yǒuuəntí.
Me apuntaré su número de licencia y le denunciaré a la policía.	我会记下你的车号，打110。 uǒ huì chìshià nǐde tshəjào, dǎ yāo yāo líng.
¿Adónde vamos?	我们到哪儿去？ uǒmən dào nǎ chù?
Por favor, vaya más despacio.	请慢点开。 chǐng màndiěn kāi.
Por favor, pare aquí.	请在这儿停。 chǐng tsài tshər tíng.
Por favor, espere aquí.	请在这儿等。 chǐng tsài tshər děng.

Bicicleta

La bicicleta es un medio de transporte excelente para moverse por las ciudades o visitar los lugares de interés. En las ciudades hay que aparcarlas en las zonas destinadas a tal efecto, que cuentan con un guarda y se conocen como tsuən tshə tshǎng 存车处.

Me gustaría reparar mi bicicleta.	我想修这辆自行车。 uó·shiǎng shiōu tshəliàng tsəshíng tshə.
Me gustaría comprar una bicicleta.	我想买一辆自行车。 uó·shiǎng mai yiliàng tsəshíng tshə.
Me gustaría alquilar una bicicleta.	我想租一辆自行车。 uó·shiǎng tsū yīliàng tsəshíng tshə
Quería una 'mountain bike'.	我要辆山地车。 uó yàoliàng shāndì tshə.
Quería una bicicleta de carreras.	我要辆赛车。 uó yàoliàng sài tshə.
Quería una bicicleta de segunda mano.	我要辆二手车。 uó yàoliàng èrshǒu tshə.
¿Cuánto cuesta por día?	一天多少钱？ Yī tiān duōshǎo qián?
¿Cuánto cuesta por hora?	一小时多少钱？ Yī xiǎoshí duōshǎo qián?
¿Tengo que dejar un depósito?	要给押金吗？ Yào gěi yājīn ma?
¿Cuánto es el depósito?	押金多少？ Yājīn duōshǎo?
Tengo un pinchazo.	车胎被戳破了。 Tshətāi bèi chuōpò le.

¿Me puede hinchar las ruedas, por favor?	能帮我打气吗？ nəng bānguǒ dǎchì ma?
¿Cuánto cuesta reparar esto?	修这些多少钱？ shiōu tshəshiē duōshǎo chién?
¿Dónde está el aparcamiento de bicicletas?	存车处在哪儿？ tsuəntshətshǎng tsài nǎ?
Me han robado la bici.	我的自行车被偷走了。 uǒdə tsìshíngtshə bèi tōutsǒulə

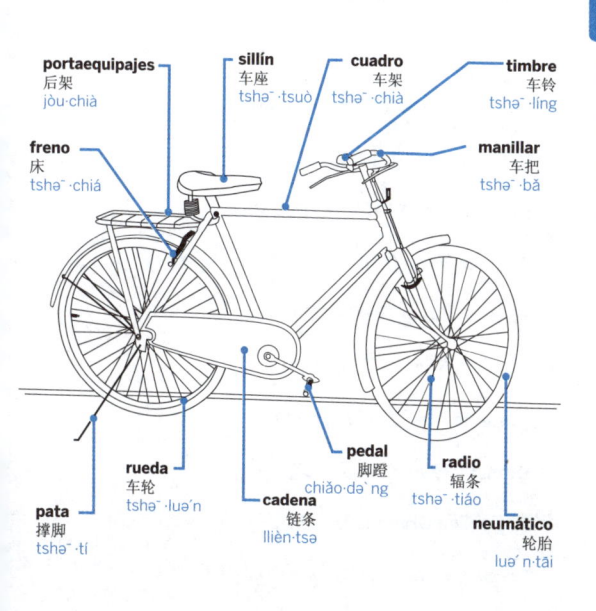

portaequipajes
后架
jòu·chià

sillín
车座
tshə¯·tsuò

cuadro
车架
tshə¯·chià

timbre
车铃
tshə¯·líng

freno
床
tshə¯·chiá

manillar
车把
tshə¯·bǎ

rueda
车轮
tshə¯·luə'n

pedal
脚蹬
chiǎo·də¯ng

radio
辐条
tshə¯·tiáo

pata
撑脚
tshə¯·tí

cadena
链条
llièn·tsə

neumático
轮胎
luə'n·tāi

EN PRÁCTICA TRANSPORTE

SOBRE LA CULTURA

Dinastías chinas

Las abreviaturas BCE y CE significan "antes de nuestra era" y "nuestra era". Estas expresiones son equivalentes a los términos a.C. y d.C.

Dinastía	Chino	Pinyin
Dinastía Xia (2070–1600 BCE)	夏朝	shiàtsháo
Dinastía Shang (1600–1046 BCE)	商朝	shāngtsháo
Dinastía Zhou (1046–256 BCE)	周朝	tshōutsháo
Período de Primavera y Otoño (770–476 BCE)	春秋时期	tshuǎnchioū shǝchī
Período de los Reinos Combatientes (475–221 BCE)	战国时期	tshànguó shǝchī
Dinastía Qin (221–207 BCE)	秦朝	chíntsháo
Dinastía Han (206BCE–220 CE)	汉朝	jàntsháo
Dinastía Tang (618–907 CE)	唐朝	tángtsháo
Dinastía Song (960–1279 CE)	宋朝	sòngtsháo
Dinastía Yuan (1279–1368)	元朝	yüéntsháo
Dinastía Ming (1368–1644)	明朝	míngtsháo
Dinastía Qing (1644–1911)	清朝	chīngtsháo
República China (1911–1949)	民国时期	mínguó shǝchī
República Popular (1949–actualidad)	解放后	chiěfàng shǝchī

Cruce de fronteras

FRASES ÚTILES

Me quedo ... días.	我要住……天。	uǒ yào tshù ... tiēn.
Me hospedo en ...	我住……	uǒ tshù ...
No tengo nada que declarar.	我没有东西申报。	uǒ móiyǒu dōngshi bào.

Control de pasaportes

| Estoy ... | 我是……来的。 uǒshə ... láidə. |

en tránsito	过境	guòchìng
de viaje de negocios	出差	tshūtshāi
de vacaciones	度假	dùchià
con un visado de estudiante	持学生签证	tshə shuéshəng chiēntshəng

Me quedo (tres) días.	我要住(三)天。 uǒ yào tshù (sān) tiēn.
Me quedo (tres) semanas.	我要住(三)个星期。 uǒ yào tshù (sān)ge shīngchī.
Me quedo (tres) meses.	我要住(三)个月。 uǒ yào tshù (sān)ge yuè.
Voy a (Beijing).	我到(北京)去。 uǒ dào (běichīng) chù.
Me hospedo en (el hotel Pujiang).	我住(浦江宾馆)。 uǒ tshù (pǔchiāng bīnguǎn).

🔊 SE OIRÁ

一家	yìchiā	familia
团体	tuántǐ	grupo
护照	jùtshào	pasaporte
签证	chiēntshəng	visado

Los niños están en este pasaporte.
孩子在这个护照上。
jáitsə tsài tshəgə jùtshào shàng.

Mi visado está bien.
我的签证办好了。
uǒdə chiēntshəng bànjǎolə.

¿Tengo que pagar un suplemento por esto?
这样要加钱吗?
tshəyàng yào chiāchión ma?

Aduana

No tengo nada que declarar.
我没有东西申报。
uǒ móiyǒu dōngshi bào.

Tengo algo que declarar.
我有东西申报。
uóyǒu dōngshi bào.

¿Tengo que declarar esto?
这个要申报吗?
tshègə yào bào ma?

No sabía que tenía que declararlo.
我不知道这个要申报。
ò tsái tshədào tshègə yào bào guān.

🔍 SE BUSCARÁ

海关	jǎiguān	aduana
免税	miǎnshuèi	'duty free'
入境	rùchìng	inmigración
护照检查	jùtshào chiěntsh·	control de pasaportes
检疫	chiěnyì	cuarentena

Direcciones

FRASES ÚTILES

¿Dónde hay ...?	……在哪儿?	... tsài nǎr?
¿Cuál es la dirección?	什么地址?	tsěnmə dìtshǐ?
¿Está muy lejos?	有多远?	yǒu duō yuǎn?

¿Cuál es la dirección?
什么地址?
tsěnmə dìtshǐ?

P ¿Dónde hay (un banco)?
(银行)在哪儿?
(yínjáng) tsài nǎr?

R Está ...
在……
tsài ...

---

todo recto.
一直往前。
yìtshə uàngchién.

---

cerca.
离这儿不远。
lí tshə bù yuǎn.

Gire en la esquina.
在拐角拐弯。
tsài guǎishiǎo guǎiuān.

Gire en el cruce.
在十字路口拐弯。
tsài shízì lùkǒu guǎiuān.

Gire en el semáforo.
在红绿灯拐弯。
tsài hónglǜděng guǎiuān.

Gire a la izquierda.
往左拐。
uǎng tsuǒ guǎi.

Gire a la derecha.
往右拐。
uǎng yòu guǎi.

🔊 SE OIRÁ

……的对面	... də duèimièn	enfrente de ...
……的前面	... də chiénmièn	delante de ...
……的后面	... də jòumien	detrás de ...
……附近	... fùchìn	cerca de ...
拐角	guǎishiǎo	en la esquina
那里	nàlǐ	allí
……旁边	... pángbiēn	al lado de ...
这里	tshəlǐ	aquí

¿Cómo voy hasta allí?	怎么走? tsənmə tsǒu?
¿Está muy lejos?	有多远? yǒu duō yuǎn?
¿Me puede señalar en el mapa dónde estoy?	请帮我找我在地图上的位置。 chǐngnín gàosu uǒ uǒ tsài nálǐ.
¿Me puede señalar en el mapa dónde está?	请帮我找它在地图上的位置。 chíng bānguǒ tsài dìtú shàng tshǎo.
en autobús	坐车去 tsuòtshə qù
en metro	坐地铁去 tsuǒ dìtiě qù
en taxi	打车去 dǎtshə qù
en tren	坐火车去 tsuò huǒtshə qù
a pie	走路去 tsǒulù qù

norte	北 běi
sur	南 nán
este	东 dōng
oeste	西 shī

EN PRÁCTICA · DIRECCIONES

semáforo
红绿灯
jóng·lù·dəˉng

cruce
十字路口
shəˇ·tsəˇ lù·kŏu

autobús
公共汽车
gōng·gòng chì·tshə

tienda
店
shāng·diàn

esquina
拐角
lù·kŏu

paso elevado de peatones
行人天桥
shíng·rə'n tiēn·chiáo

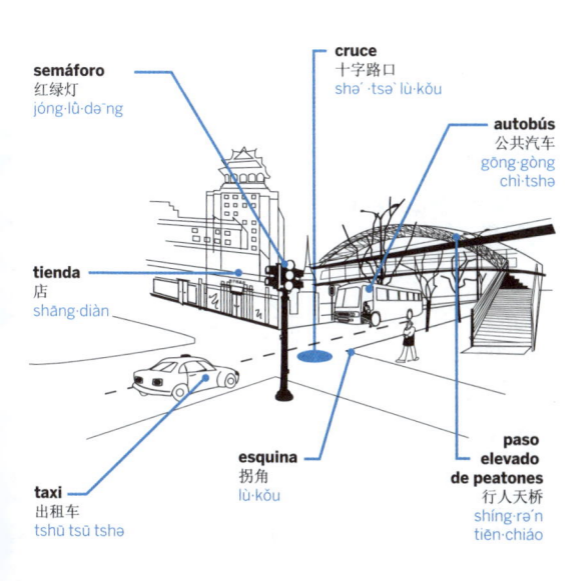

taxi
出租车
tshū tsū tshə

Alojamiento

FRASES ÚTILES

¿Dónde hay un hotel?	哪里有酒店？	náli yǒu chiǒudièn?
¿Tiene una habitación doble?	有没有套房？	yǒuméiyǒu tào fáng?
¿Cuánto cuesta por noche?	每晚多少钱？	měi uǎn duōshǎo chién?
¿Cuándo se sirve el desayuno?	几点钟吃早饭？	chídién tshōng chī tsǎofàn?
¿A qué hora hay que dejar la habitación?	几点钟退房？	chídiěntshōng tuèifáng?

Buscar alojamiento

¿Dónde hay un/una ...? 哪里有……？
náli yǒu ...?

pensión	宾馆	bīnguǎn
albergue	招待所	tshāodàisuǒ
hotel	酒店	chiǒudièn
hotel de lujo	高级酒店	gāochí chiǒudièn
dormitorio universitario	学校招待所	shuéshiào tshāodàisuǒ

Para las respuestas, véase **direcciones**, en p. 63.

| ¿Me puede recomendar algún sitio ...? | 你能推荐一个……的地方住吗? | nǐ nəng tuēichièn yīgə ... də dìfang tshù ma? |

barato	便宜	piényí
bueno	好	jǎo
lujoso	舒服	shūfu
cercano	比较近	bǐchiào chìn
romántico	有情调	yǒu chíngdiào

Reservas y registros

¿Se pueden alojar extranjeros aquí?	外国人能住这里吗?	uàiguó rən nəng tshù tshəli ma?
Lo arreglaré con la policía.	我到公安局跟他们协商。	uǒ dào gən'ānjú gēn tāmen shiéshāng.
Por favor, quería reservar una habitación.	我想订房间。	uǒ tshiǎng dìng fángshiān.
✂ ¿Tiene habitaciones?	有空房吗?	yǒu kōngfáng ma?
Tengo una reserva.	我有预订。	uó·yǒu yǔdìng.
Para (tres) noches.	住(三)天。	tshù (sān) tiān.
Para (tres) semanas.	住(三)个星期。	tshù (sān)ge shīngchī.
Desde el (2 de julio) al (6 de julio).	从(7月2号)到(7月6号)。	tsóng (chīyùè ərjào) dào (chīyùè liòujào).
¿Tiene una habitación con baño?	有带浴室的房间吗?	yǒu dài yùshə də fáng·chièn ma?

SE OIRÁ

住几天?	tshù chǐyè?	¿Cuántas noches?
护照	shùtshào	pasaporte
住满	tshùmǎn	completo
前台	qiántái	recepción
钥匙	yàoshi	llave

¿Tiene una habitación doble?
有没有套房?
yǒuméiyǒu tào fáng?

¿Tiene una habitación individual?
有没有单人房?
yǒuméiyǒu dānrən fáng?

¿Tiene una habitación con dos camas individuales?
有没有双人房?
yǒuméiyǒu shuāngrən fáng?

¿Puedo ver la habitación?
能看房间吗?
nəng kàn fángchiēn ma?

Me la quedo.
我订这间。
uǒ dìng tshèshiān.

No me la quedo.
我不要。
uǒ bùyào.

¿Cuánto cuesta por noche?
每晚多少钱?
měi wǎn duōshǎo chién?

¿Cuánto cuesta por persona?
每人多少钱?
měi rən duōshǎo chién?

¿Cuánto cuesta por semana?
每星期多少钱?
měi shīngchī duōshǎo chién?

¿Está incluido el desayuno?
早餐包括在内吗?
tsǎocān bāoguò tsàinèi ma?

¿Tengo que pagar por adelantado?
预先付钱吗?
yûshiān fù chién ma?

¿Hacen descuento a estudiantes?
学生可以打折吗?
shüéshəng kěyǐ dǎtshé ma?

Para otras formas de pago, véase **dinero**, en p. 94.

Buscar alojamiento

¿Tiene una habitación...?
有没有……房？
yǒuméiyǒu ... fáng?

doble
套
tào

individual
单人
dānrən

¿Cuánto cuesta por ...?
每……多少钱？
měi ... duōshǎo chién?

noche
晚
wǎn

persona
人
rən

¿Está incluido el desayuno?
早餐包括在内吗？
tsǎocān bāokuò zàinèi ma?

¿Puedo ver la habitación?
能看房间吗？
nəng kàn fáng·chiēn ma?

Me la quedo.
我订这间。
uǒ dìng tshèshiān.

No me la quedo.
我不要。
uǒ bùyào.

SE BUSCARÁ

浴室	yù shì	servicios
入口	rù kǒu	entrada
出口	chū kǒu	salida
女	nǔ	mujer
男	nán	hombre
前台	guèitái	recepción

Peticiones

¿Cuándo se sirve el desayuno?	几点钟吃早饭？ chídiěn tshōng chī tsǎofàn?
¿Dónde se sirve el desayuno?	在哪里吃早饭？ tsài nǎli chī tsǎofàn?
Por favor, despiérteme a las (siete de la mañana).	(早上七点钟) 请叫醒我。 (tsǎoshang chidiěntshōng) chǐng chiàoshíng uǒ.
¿Hay agua caliente durante todo el día?	全天有热水吗？ chúontiēn yǒu rəshuěi ma?
¿Hay calefacción?	有暖气吗？ yóu nuǎnchì ma?
¿A qué hora hay calefacción?	暖气几点钟开？ nuǎnchì chídiěntshōng kāi?
¿A qué hora hay agua caliente?	热水几点钟开？ rəshuěi chídiěntshōng kāi?
¿Puedo utilizar la cocina?	能用一下厨房吗？ nəng yòng yíshià tshúfáng ma?
¿Puedo utilizar la lavadora?	能用一下洗衣房吗？ nəng yòng yíshià shīyīfáng ma?
¿Puedo utilizar el teléfono?	能用一下电话吗？ nəng yòng yíshià diènjuà ma?

¿Tienen ...?	有没有……? yǒuméiyǒu ...?

ascensor	电梯	diàntī
lavandería	洗衣服务	shǐyī fúù
tablón de anuncios	信息栏	shìnshī lán
caja fuerte	保险箱	boshiěn shiāng
piscina	游泳池	yóuyǒng tshə

¿Ustedes organizan circuitos aquí?	你们能安排旅行团吗? nǐmən nəng ānpái lǚyóu tuán ma?
¿Ustedes cambian dinero aquí?	你们能换钱吗? nǐmən nəng juànchién ma?
¿Me puede dar ..., por favor?	能不能给我……? nəngbùnəng géi·uǒ ...?

otra manta más	多一条毛毯	duō yīgə máotǎn
mi llave	房间钥匙	fángchiēn yàoshi
una mosquitera	一顶蚊帐	yīgə uəntshàng
un recibo	发票	fāpiào
jabón	一块肥皂	yíkuài féitsào
una toalla	一块毛巾	yíkuài máochīn

¿Hay algún recado para mí?	有人给我留言吗? yǒu rən gěi uǒ lióuyén ma?
¿Puedo dejar un recado para alguien?	我能留个条吗? uǒ nəng lióu gə shìntiáo ma?
No puedo entrar en mi habitación.	我进不了房间。 uǒ chìnbùliǎo fángchiēn.

Quejas

La habitación es demasiado ... 房间太……了。
fángchiēn tài ... lə.

luminosa	亮	liàng
fría	冷	ləng
oscura	暗	àn
cara	贵	guèi
ruidosa	吵	tshǎo
pequeña	小	shiǎo

El/la ... no funciona. ……有毛病。
... yǒu máobìng.

aire acondicionado	空调	kōngtiáo
ventilador	电风扇	diènfəngshàn
luz	电灯	dièndəng
ducha	淋浴头	línyùtóu
grifo	水龙头	shuěilóngtóu
váter	厕所	tsəsuǒ

He visto una rata grande en la habitación.	我房间里有一个大老鼠。 uǒ fángchiēnlǐ yǒu yígə dàláoshu.
He visto cucarachas en la habitación.	我房间里有蟑螂。 uǒ fángchiēnlǐ yǒu tshānglàng.
He visto un ratón en la habitación.	我房间里有耗子。 uǒ fángchiēnlǐ yǒu jàotsə.
¿Me puede dar otra (manta)?	我能多拿一条(毛毯)吗? uǒ néng duōná yītiáo (máotǎn) ma?
Esta (almohada) no está limpia.	这个(枕头)有点脏。 tshəgə (tshəntóu) yóu·diěn tsāng.

Llaman a la puerta

¿Quién es?	是谁？ shə shéi
Un momento.	等一下。 děngyí·shià.
Entre.	请进。 chǐng chìn.
Vuelva más tarde, por favor.	请过一会儿再来。 chǐng guòyījuěi tsài lái.

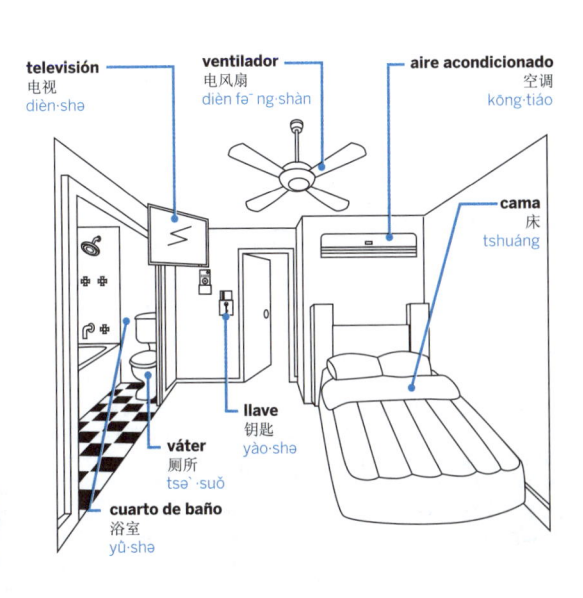

televisión
电视
dièn·shə

ventilador
电风扇
dièn fə̄ng·shàn

aire acondicionado
空调
kōng·tiáo

cama
床
tshuáng

llave
钥匙
yào·shə

váter
厕所
tsə̀·suǒ

cuarto de baño
浴室
yù·shə

EN PRÁCTICA · ALOJAMIENTO

Salida del hotel

¿A qué hora hay que dejar la habitación?	几点钟退房？ chídiěntshōng tuèifáng?
¿Puedo dejar la habitación más tarde?	我能晚点退房吗？ uǒ néng un·diěn tuèifáng ma?
¿Me puede llamar un taxi (para las 11.00)?	请帮我订一辆(早上十一点的)车。 chǐng bāng uǒ dìng yí·gə (tsǎoshàng shíyīdiěn də) tshə.
Me voy ahora.	我现在走。 uǒ shièntsài tsǒulə.
¿Puedo dejar mi equipaje aquí?	能放一下行李吗？ nəng fàngyíshià shínglǐ ma?
Hay un error en la factura.	帐单上有问题。 tshàngdān shàng yǒu uəntí.
¿Cuál es el concepto de este cargo?	这项是什么？ tshə shiàng shə shənmə?
La estancia ha sido muy agradable, gracias.	我在这儿住得很开心, 谢谢。 uǒ tsài tshə` tshùdə jǎn kāishīn, shiè·shie.
Lo recomendaré a mis amigos.	我会给朋友推荐这个地方。 uǒ juèi gěi pə´ngyǒu tuēichièn tshəgə difang.
Volveré dentro de (tres) días.	我过(三)天再回来。 uǒ guò (sān) tiēn tsái juéilái
Volveré el (martes).	我下个(星期二)再回来。 uǒ shiàgə (shīngchiər)tsái juéilái.
¿Me puede devolver la fianza, por favor?	我想拿回我的押金。 uǒ chǐng náhuí uǒdə yāchīn.
¿Me puede devolver mi pasaporte, por favor?	我想拿回我的护照。 uǒ chǐng náhuí uǒdə jùtshào.

¿Me puede devolver mis objetos de valor, por favor?	我想拿回我的贵重物品。 uǒ chǐng náhuí uǒde guèishòng ùpǐn.

'Camping'

¿Dónde podemos pasar la noche?	晚上我们住哪里? uǎnshang uǒmen tshù nálǐ?
¿Podemos acampar?	我们能在这里露营吗? uǒmen nəng tsài tshəlǐ lùyíng ma?
¿Se puede encender un fuego aquí?	能在这里生火吗? nəng tsài tshəlǐ shəngjuǒ ma?
¿Este sitio es seguro para dormir?	住这里安全吗? tshù tshəlǐ ānchüán ma?

哪里有酒店?
nálǐ yǒu chiǒudièn?
¿Dónde hay un hotel?

Alquilar

Me gustaría alquilar un/una ...	我是租……来的。 uǒ shə tshū ... lái də.
¿Tiene un/una ... para alquilar?	你有……出租吗? Nǐyǒu ... chūzū ma?

apartamento	公寓	gōngyù
casa (sencilla)	房子	fángzi
habitación	房间	fángjiān
casa (de lujo)	别墅	biéshù

amueblada	带家具的 dài jiājù de
semiamueblada	带部分家具的 dài bùfen jiājù de
sin amueblar	不带家具的 bù dài jiājù de

Alojamiento en casas particulares

¿Me puedo quedar en tu casa?	我能在你家住吗? uó néng zài nǐ jiā zhù ma?
¿Puedo ayudar en algo?	有什么事能帮你吗? yǒu shénme shì néng bāng nǐ ma?
Tengo mi propio colchón.	我带了自己的褥子。 uó dàile zìjǐ de rùzi.
Tengo mi propio saco de dormir.	我带了自己的睡袋。 uó dàile zìjǐ de shuìdài.
¿Puedo traer algo para la comida?	我能带一些吃的来吗? uó néng dài yìxiē chī de lái ma?

> **SOBRE LA CULTURA**
>
> ### El agradecimiento en la mesa
> La comida tiene una gran importancia en la cultura china. Si uno se aloja en casa de alguien o lo invitan a comer, la mejor forma de mostrar agradecimiento hacia el anfitrión es reconocer con entusiasmo sus habilidades culinarias. Las siguientes frases serán muy útiles en este tipo de ocasiones:
>
> | | |
> |---|---|
> | **¡La comida estaba deliciosa!** | 真好吃！
tshən jǎotshə |
> | **Mi estómago está muy contento.** | 吃的真饱。
tshədə tshən bǎo. |
>
> A cambio, lo normal es que el anfitrión anime repetidas veces a uno a que coma todo lo que se le antoje:
>
> | | |
> |---|---|
> | **¡Come un poco más!** | 多吃一点！
duō tshə yìdiěn! |
>
> Para más expresiones sobre la **comida**, véase p. 176.

¿Puedo lavar los platos?	我能帮你洗盘子吗？ uǒ nəng bāng nǐ shǐ pántsə ma?
Muchas gracias por tu hospitalidad.	谢谢你的款待。 shièshie nǐ də tshāodài

De compras

FRASES ÚTILES

Quiero comprar ...	我想买……	uó shiáng mǎi ...
¿Lo puedo mirar?	我能看看吗?	uǒ nəng kànkan ma?
¿Me lo puedo probar?	能穿上试试吗?	nəng tshuān shàng shìshi ma?
¿Cuánto cuesta?	多少钱?	duōshǎo chión?
Es muy caro.	太贵了。	tàiguèi lə.

Buscando ...

¿Dónde hay un ...?	……在哪儿?	... tsài nǎ?

anticuario	古董市场	gúdǒng shətshǎng
mercado	市场	tsài shətshǎng
centro comercial	商场	shāngtshǎng
supermercado	超市	tshāoshə

¿Dónde puedo comprar (un candado)?	哪里能买到(锁)?	nálǐ nəng mǎidào (suǒ)?

Para otras frases sobre direcciones, véase **direcciones**, p. 63.

Hacer una compra

Solo estoy mirando.	我先看看。 uǒ shiēn kànkan.

Quiero comprar (un enchufe adaptador).	我想买(一个插座)。	uǒ·shiáng mǎi (yígə tshātsuò).
¿Cuánto cuesta?	多少钱？	dūshǎo chión?
¿Lo puedo mirar?	我能看看吗？	uǒ nəng kànkan ma?
Por favor, escríbame el precio.	请把价钱写下来。	chíng bǎ shiàqián shiěshià lái.
¿Tiene algún otro modelo?	有没有别的？	yóuméiyǒu biédə?
¿Acepta tarjeta de crédito?	你们收信用卡吗？	nǐmən shōu shìnyòng kǎ ma?
¿Acepta tarjeta de débito?	你们收借记卡吗？	nǐmən shōu chièchì kǎ ma?
¿Acepta cheques de viaje?	你们收旅行支票吗？	nǐmən shōu lǚshíng tshəpiào ma?
¿Me puede dar una bolsa, por favor?	请给我一个袋子。	chíng géi uǒ yígə dàitsə.
¿Me puede dar un recibo, por favor?	请给我发票。	chíng géi uǒ fāpiào.
✂ Un recibo, por favor.	发票，谢谢。	fāpiào, shièshie.
¿Me lo puede envolver?	能包装一下吗？	nəng bāotshuāng yíshià ma?
¿Tiene garantía?	有保修期吗？	yóu bǎoshiōuchī ma?
¿Me lo puede enviar al extranjero?	你能寄到国外吗？	nǐ nəng chìdào guóuài ma?
¿Me dejarán sacar esto del país?	我能带出境吗？	uǒ nəng dài tshūchìng ma?
¿Me puede pedir uno para mí?	能帮我定购一个吗？	nəng bānguǒ dìngòuyīgə ma?

¿Lo puedo recoger más tarde?	过一会儿来拿, 好吗？ guò yījuěi lin jǎo ma?
Está defectuoso.	有毛病。 yǒu máobìng.
Este artículo es una imitación.	这是假货。 tshəshə chiǎjuò.
No quiero pagar el precio completo.	请帮我打个折扣。 chīng bāngguó dǎgə tshəkòu.
Quería mi cambio, por favor.	可以找零钱吗？ kəyǐ tshǎo língchién ma?
Quería un reembolso, por favor.	可以退钱吗？ kəyǐ tuèi chién ma?
Quería devolver esto, por favor.	可以退换这个吗？ kəyǐ tuèijuán tshəgə ma?

Regatear

¡Estás de broma!	开什么玩笑! kāi shénme uánshiào!
¡Es muy caro!	太贵了。 tài guèi lə.
¿Puede bajar el precio?	能便宜一点吗？ nəng piényí yīdiěn ma?
¿Tiene algo más barato?	有便宜一点的吗？ yǒu piényí yīdiěndə ma?
Le doy (cinco kuai).	给你(五块)钱。 géinǐ (ǔkuài) chién.
Esta es mi última oferta.	就给这么多。 chiòu gěi tshəmə duō.

Libros

¿Hay una librería de libros en inglés?	附近有英文书店吗？ fùchìn yǒu yīnguən shūdièn ma?

Hacer una compra

Quiero comprar ...
我想买……
uó·shiáng mǎi ...

¿Cuánto cuesta?
多少钱?
dūshǎo chión?

OR

Por favor, escríbame el precio.
请把价钱写下来。
chíng bǎ shiàqián shiěshià lá

¿Acepta tarjeta de crédito?
你们收信用卡吗?
nǐmən shōu shìnyòng kǎ ma?

¿Me puede dar ... ?
请给我……
chíng géi uǒ ...

un recibo
发票
fāpiào

una bolsa
一个袋子
yígə dàitsə

SE OIRÁ

实惠	shəjuèi	una ganga
大甩卖	dàshuāimài	grandes rebajas
打折扣	dǎ tshəkòu	de oferta
真宰人	tshən tsāirən	un timo
砍价	kǎnchià	regatear

¿Hay una sección de libros en inglés?	附近有英文书吗? fùchìn yǒu yīnguən bùmən ma??
¿Tiene un libro de (Jin Yong)?	有没有(金庸)的书? yǒuméiyǒu (Jīn Yōng) də shū?
¿Tiene una guía del ocio?	有没有娱乐指南? yǒuméiyǒu yùlə tshənán?
Quiero un/una ...	我想买…… uó·shiǎng mǎi ...

ejemplar del *China Daily*	一份中国日报	yīfèn tshōngguó rəbào
diccionario	一本词典	yīběn tsədiěn
periódico (en inglés)	一张(英文)报纸	yītshāng (yīnguən) bàozhǐ
libreta	一本笔记本	yīběn bǐchìbən

| ¿Me puede recomendar un libro? | 你能给我推荐一本好书吗? nǐ nəng tuēichièn yigə jǎo shū ma? |
| ¿Tienen guías de Lonely Planet? | 有没有孤独星球出版社的旅行指南书? yǒuméiyǒu Gūdú Xīngqiú chūbǎnshède lǚshíng tshǐnán shū? |

SOBRE LA CULTURA

Escritores chinos

China posee una gran tradición literaria, pero desgraciadamente muchas de las obras solamente se encuentran disponibles en chino. Gran parte del patrimonio literario, sobre todo la poesía, resulta extremadamente difícil de traducir, aunque los eruditos siguen intentándolo. Algunos de los clásicos chinos del s. xx sí se han traducido a otros idiomas, como por ejemplo Shen Congwen, Wang Shuo, Lao She, Ba Jin, Feng Jicai y Gao Xingjian.

Ropa

Uso una talla ...	我穿……号。 uǒ tshuān ... jào.

(40)	（40）	(səshə)
extra grande	特大	tèdà
grande	大	dà
mediana	中	tshōng
pequeña	小	shiǎo

¿Me lo puedo probar?	能穿上试试吗？ nəng shə tshuān shìshi ma?
¿Hay un espejo?	有镜子吗？ yǒu chìngtsə ma
No me queda bien.	穿得不合身。 tshuǎndə bù jəshən.
¿Dónde hay un sastre?	哪里能找个裁缝？ nálǐ nəngtshǎogə tsáifəng?

Para artículos de ropa, véase el **diccionario**.

Música

Quiero un CD.	我想买一个CD。 uó shiáng mǎi yīgə CD.
Quiero un DVD.	我想买一个DVD。 uó shiáng mǎi yīgə DVD.
¿Para qué región es este DVD?	这碟片是哪个区域的? tshə diépiàn shì nǎgə qūyù de?
Estoy buscando algo de (Zhou Huajian).	我在找(周华健)的歌。 uǒ tsài tshǎo (tshōu juá chièn) də gə.
¿Cuál es su mejor grabación?	他/她最好的CD是哪个? tā tsuèi jǎo də shə nǎgə?
¿Puedo escucharlo?	我能听一下吗? uǒ·nəng tīng yíshià ma?

Fotografía

¿Puede revelar este carrete?	能洗这个胶卷吗? nəng tshǐ tshège jiāojuǎn ma?
¿Puede poner el carrete?	能安装这个胶卷吗? nəng āntshuāng tshège jiāojuǎn ma?
¿Puede imprimir fotografías digitales?	你能打印数码照片吗? nǐ nəng dǎyìn shùmǎ tshàopiān ma?
¿Puede recargar la batería?	你能给电池充电吗? nǐ nəng gěi diànchí chōngdiàn ma?

85

多少钱？
dūshǎo chión?
¿Cuánto cuesta?

EN PRÁCTICA

DE COMPRAS

¿Puede pasar mis fotos a un CD?	你能拷贝我的照片到CD吗？ nǐ nəng cǎobèi uǒde tshàopiān dào CD ma?
¿Tienen una batería para esta cámara?	你有这个相机的电池吗？ nǐ yǒu tshègè shiàngī de diànchí ma?
¿Tienen tarjetas de memoria para esta cámara?	你有这个相机的内存卡吗？ nǐ yǒu tshègè shiàngjī de nèicún cǎ ma?

Necesito una película ... para esta cámara.	我想买这个机子的……胶卷。 uó shiáng mǎi tshəgə jīzi de ... chiāojuǎn.

en blanco y negro	黑白		jēibái
en color	彩色		tsǎisə
de diapositivas	幻灯		juàndəng
... de velocidad	……感光度		... gǎn guāngdù

¿Cuándo estará listo?	什么时候来取？ shənmə shəjou lái chǔ?
Necesito sacarme una foto para el pasaporte.	我想拍一张护照照片。 uó shiǎng pāi tshàojùtshào tshàopiān.
No estoy contento con estas fotos.	这卷洗得不好。 tshəchüěn shǐdə bùjǎo

🔊 SE OIRÁ

还要别的吗？	jái yào biédə ma ¿Algo más?
我能帮你吗？	uǒ nəng bāng nǐ ma ¿Le puedo ayudar?
没有。	méiyǒu. No, no lo tenemos.

Reparaciones

¿Me pueden reparar mi/s ... aquí?	你能修我的……吗？ nǐ nəngshiōu uǒde ... ma?
¿Cuándo estará/n lista/as/os ... ?	什么时候来拿……？ shənmə shəjou láiná ...?

la mochila	背包	bèibāo
la cámara	照相机	tshàoshiàngchī
las gafas	眼镜	yǎnching
los zapatos	鞋子	shiétsə
las gafas de sol	墨镜	mòching

Recuerdos

bronce	青铜器 chīngtóngchì
caligrafía	书法 shūfǎ
dibujos en tinta china	水墨画 shuǐmòjuà
jade	玉器 yùqì
pintura al óleo	油画 yóujuà
pergamino	国画 guójuà
xilografía	木刻 mùkə

Comunicaciones

FRASES ÚTILES

¿Dónde está el cibercafé local?	附近有网吧吗?	fùchìn yóu uǎngbā ma?
Quiero ver mi cuenta de correo.	我想查一下电子信箱。	uó xiǎng chá yīxiàdiànzǐ xìnxiāng.
Quiero enviar un paquete postal.	我想寄一个包裹。	uó xiǎng jì yī gè bāoguǒ.
Quiero llamar a ...	我想打电话到……	uó·shiǎng dǎ diànjuà dào ...
Quiero una tarjeta SIM.	我想买一张SIM卡。	uó·shiáng mǎi yī tshāng SIM kǎ.

Internet

¿Dónde está el cibercafé local?	附近有网吧吗? fùchìn yóu uǎngbā ma?
¿Tiene acceso a internet?	你这儿能上网吗? nǐ hè'er néng shànguǎng ma?
¿Hay acceso a internet por wifi aquí?	这里有无线网络讯号吗? tshèlǐ yǒu uúxiàn uǎngluò shùnjào ma?
¿Puedo conseguir una cuenta con un operador local de internet?	我能开一个 IP账户吗? uǒ nəng kāiyīgə ǎipì tshàngjù ma?

Quiero ...	我想…… uó shiǎng ...

ver mi cuenta de correo	查一下电子信箱	kàn yíshiàdièntsə shìnshiǎng
descargar mis fotos	下载我的照片	shiàtsǎi uǒde tshàopiǎ
tener acceso a internet	上网	shàngwǎng
usar una impresora	打印	dǎyìn
usar un escáner	扫描	sǎomiáo
usar Skype	用Skype	yòng Skype

¿Tienen PC?	有个人电脑吗? yǒu gèrén diànnǎo ma?
¿Tienen Mac?	有苹果电脑吗? yǒu píngguǒ diànnǎo ma?
¿Puedo conectar mi portátil aquí?	我能在这里连接我的笔记本电脑吗? uǒ néng tsài tshèlǐ liánjiē wǒde bǐjìběn diànnǎo ma?
¿Tiene auriculares (con micrófono)?	你有耳机(耳麦)吗? nǐ yǒu ěrshī (ěrmài) ma?
¿Cuánto cuesta por hora?	每小时多少钱? měi shiǎoshí duōshǎoqián?
¿Cuánto cuesta por (cinco) minutos?	每(五)分钟多少钱? měi (wǔ)fēntshōng duōshǎoqián?
¿Cuánto cuesta por página?	每页多少钱? měi yè duōshǎoqián?
¿Cómo me conecto?	我怎么登录? uǒ tsěnme dēnglù?

Por favor, cambie las preferencias a inglés.	请帮我换成英文格式。	chǐng bānguǒhuànchéng yīnguén gəshə.
Esta conexión es muy lenta.	网速太慢了。	uǎngsù tài màn le.
Se ha quedado colgado.	死机了。	səchī lə.
He acabado.	上完了。	shàng uán lə.

Teléfono móvil

Quiero un/una ...	我想买一……	uó shiáng mǎi yī ...

cargador para mi móvil	个充电器	ge chōngdiàn chì
teléfono móvil	个手机	ge shǒuchī
tarjeta de (100 yuanes)	张(一百块的)预付卡	tshāng (yībǎi kuài de) yùfùkǎ
tarjeta SIM	张SIM卡	tshāng SIM kǎ

¿Cuáles son las tarifas?	电话费怎么算?	diènjuàfèi tsǎnmə suàn?
(30 fen) el minuto.	每分钟(三毛钱)。	měifəntshōng (sānmáoqián).

Teléfono

P ¿Cuál es su número de teléfono?	您的电话号码是多少?	nín de diànjuà jàomǎ shì duōshǎo?
R El número es ...	号码是……	jàomǎ shə ...

¿Dónde está el teléfono público más cercano?	最近的公用电话在哪里? tsuìshìn de gōngyòng diànjuà tsài nǎli?
¿Me puede ayudar a encontrar el número de ...?	请帮我找一下……的号码。 chǐng bāngguǒ tshǎoyīshià ... de jàomǎ.
Quiero ...	我想…… uǒ shiǎng ...

comprar una tarjeta de teléfono	买一张电话卡	mǎi yīgān diànjuà kǎ
llamar a (Singapur)	打电话到(新加坡)	dǎ diànjuà dào (shīnyiāpō)
hacer una llamada (local)	打(市内)电话	dǎ (shìnèi) diànhuà
hacer una llamada a cobro revertido	打对方付款的电话	dǎ duìfāng fùkuǎn de diànhuà
hablar (tres) minutos	讲(三)分钟	yong (sān) fēntshōng

¿Cuánto cuesta el minuto?	打一分钟多少钱? dǎ yīfēntshōng duōshǎo chion?
¿Cuál es el prefijo de (Nueva Zelanda)?	(新西兰)的区号是多少? (shīnxīlán) de qūhào shì duōshǎo?
Está comunicando.	占线了。 tshànshièn lə.
Se ha cortado.	断掉了。 duàndiào lə.
La conexión es mala.	线路不好。 shiànlù bùjǎo.
Hola.	喂。 uèi.

SE OIRÁ

打错了。	dǎtsuò lə.	Número equivocado.
你是谁?	nǐ shə shéi?	¿Quién llama?
你找谁?	nǐ tshǎo shéi?	¿Con quién quiere hablar?
(他/她)不在。	(tā) bùtsài.	(Él/ella) no está aquí.
等一下。	dəngyíshià.	Un momento.

¿Puedo hablar con …?	我找…… uǒ tshǎo …
Soy …	这是…… tshə̀ shì …
¿Está … ahí?	……在吗? … tsài ma?
Por favor, dígale que he llamado.	请告诉他/她我打过电话。 chǐng gàosù tā uǒ dǎguò diànjuà.
¿Puedo dejar un recado?	我能留言吗? uǒ néng liúyán ma?
Mi número es …	我的号码是…… uǒde jàomǎ shì …
No tengo un número de contacto.	我在这儿没有联系电话。 uǒ tsài tshèr méiyǒuliánshì diànjuà.
Llamaré más tarde.	我晚点再打过来。 uǒ uǎndiǎn tsài dǎguòlái.

Correos

Quiero enviar una carta.	我想寄一封信。 uǒ shiǎng chì yī fēng shìn.
Quiero enviar un paquete.	我想寄一个包裹。 uǒ shiǎng chì yī gè bāoguǒ.

Quiero enviar una postal.	我想寄一张明信片。 uǒ shiǎng jì yī tshāng míngshìnpiàn.
Quiero comprar un sobre.	我想买一个信封。 uǒ shiǎng mǎi yī ge shìnfēng.
Quiero comprar un sello.	我想买一张邮票。 uǒ xiǎng mǎi yī zhāng yóupiào.
Por favor, envíelo por avión/por vía terrestre a ...	请寄航空信/ 平信到……。 chǐng chì jángyung xìn/ píngshìn dào ...
Contiene (recuerdos).	里面有(纪念品)。 lǐmien yǒu (chìniànpǐn).
¿Dónde está la lista de correos?	留局待取写在哪里？ liúchú dàiqǔ shiè tsài nǎli?
¿Hay cartas para mí?	有没有我的信？ yǒuméiyǒu uǒde shìn?
declaración de aduanas	海关报税 hǎiguān bàoshuì
nacional	国内 guónèi
internacional	国际 guójì
servicio postal	信件 xìnjiàn

🔊 SE OIRÁ

航空信	jángyǔn shìn	avión
特快	tèkuài	urgente
挂号	guàjào	certificado
(陆运)平信	(lùyùn) píngshìn	por vía terrestre
(海运)平信	(jǎiyùn) píngshìn	por vía marítima

Dinero y bancos

FRASES ÚTILES

¿Cuánto es?	多少钱？	duōshǎo chián?
¿Cuál es el tipo de cambio?	兑换率是多少？	duìhuànlǜ shì duōshǎo?
¿Dónde hay un cajero automático?	自动取款机在哪儿？	tsìdòng chǔkuǎnjī tsài nǎr?
Me gustaría cambiar dinero.	我要换钱。	uǒ yào juànchián.
¿Cuál es el precio de eso?	手续费是多少？	shǒushùfèi shì duōshǎo?

Pagar

¿Cuánto cuesta?
多少钱？
duōshǎo chián?

Son (1200) CNY.
是 (1200) 元。
shì (yīchiān liǎngbǎi) yuán.

Es gratis.
是免费的。
chì miǎnfèi de.

Por favor escriba el precio.
请把价钱写下来。
chǐng bǎ chiàqián chiě shiàlái.

¿Acepta tarjetas de crédito?
你们收信用卡吗？
nǐmen shōu shìnyòng kǎ ma?

¿Acepta tarjetas de débito?
你们收借记卡吗？
nǐmen shōu shièshìkǎ ma?

¿Acepta cheques de viaje?
你们收旅行支票吗？
nǐmen shōu lǚshíng tshīpiào ma?

🔊 SE OIRÁ

护照	jùtshào	pasaporte
证件	tshəngchièn	identificación
签字。	chiēntsé.	Firme aquí..
你的帐户没有钱。	nǐde tshànghù méiyǒu chián.	No tiene fondos.
我们不能办。	uǒmen bùnéng bàn.	No podemos hacerlo.
有问题。	yǒu uèntí.	Hay un problema.

Hay un error en la factura.	帐单上有问题。 tshàngdān shàng yǒu uèntí.
Quería mi cambio, por favor.	可以找零吗？ kěyǐ tshǎo líng ma?
Quería un reembolso, por favor.	可以退款吗？ kěyǐ tuì kuǎn ma?

En el banco

¿A qué hora abre el banco?	银行什么时候开门？ yínjáng shénme shíhòu kāimen?
¿Dónde puedo ...?	我在哪里能……？ uǒ tsài nǎli néng ...?
Me gustaría ...	我要…… uǒ yào ...

cobrar un cheque	兑现一张支票	duìshiàn yītshāng tshīpiào
cambiar un cheque de viaje	换旅行支票	juàn lǔshíng tshīpiào
cambiar dinero	换钱	juànchián
obtener un anticipo	现金透支	shiànyīn tòutshī
sacar dinero	取现金	chǔ shiànyīn

SOBRE LA CULTURA — Monedas chinas

RMB (Renminbi rénmínbì) – 'Dinero del Pueblo' – es el término oficial de la moneda china.

元	yuán	nombre oficial de la unidad básica del RMB
块	kuài	término coloquial para un yuan
角	chiǎo	el término oficial; 10 chiao hacen un yuan
毛	máo	término coloquial para un chiao
分	fēn	el término oficial; 10 fen hacen un chiao

¿Dónde hay un cajero automático?	自动取款机在哪儿？ tsìdòng chǔkuǎnyī tsài nǎr?
¿Dónde hay un lugar para cambiar divisas?	换外币的地方在哪儿？ juàn uàibì de dìfang tsài nǎr?
¿Cuál es el tipo de cambio?	兑换率是多少？ duìhuànlǜ shì duōshǎo?
¿Cuál es el precio de eso?	手续费是多少？ shǒushùfèi shì duōshǎo?
El cajero no me ha devuelto mi tarjeta.	取款机吃了我的卡。 chǔkuǎnyī chīle uǒde kǎ.
He olvidado mi clave.	我忘了我的密码。 uǒ uànglè uǒde mìmǎ.
¿Puedo usar mi tarjeta de crédito para sacar dinero?	能用信用卡取现金吗？ néng yòng shìnyòngkǎ chǔ shiànyīn ma?
¿Ha llegado ya mi dinero?	我的汇款到了没有？ uǒde juìkuǎn dàole méiyǒu?
¿Cuánto tardará en llegar?	还要等多久？ jáiyàoděng duōjiǔ?

Negocios

FRASES ÚTILES

Asisto a una conferencia.	我来参加一个研讨会。	uǒ lái cānyiā yīge yántǎojuì.
Tengo una cita con ...	我跟……有约。	uǒ gēn ... yǒuyuē.
¿Vamos a comer?	咱们是不是出去吃顿饭？	tsánmen shìbùshì chūqù chīdùnfàn?

¿Dónde está el centro de negocios?	商务中心在哪儿？ shāngù tshōngshīn tsài nǎr?
¿Dónde está la conferencia?	研讨会在哪儿？ yántǎojuì tsài nǎr?
¿Dónde es la reunión?	会议在哪儿？ juìyì tsài nǎr?
Asisto a un/una ...	我来参加一个…… uǒ lái cānyiā yīge ...

conferencia	研讨会	yántǎojuì
curso	培训班	péishùnbān
reunión	会议	juìyì
feria comercial	洽谈会	chiàtánjuì

Me quedo (dos) días.	我要呆(两)天。 uǒ yào dāi (liǎng)tiān.
Me quedo (dos) semanas.	我要呆(两)个星期。 uǒ yào dāi (liǎng)ge shīngchī.

> **SOBRE LA CULTURA**
>
> **Puntualidad china**
> Los chinos tienden a ver la puntualidad como una virtud, y uno podrá constatar que la gente llega a tiempo a una reunión o a los eventos sociales. Puede que incluso lleguen un poco antes de tiempo, para asegurarse. En las reuniones de negocios puede que el llegar con puntualidad a una cita se interprete como signo de seriedad.
>
> Otra de las cosas que hay que tener en cuenta es que los chinos son muy supersticiosos con los números. A la hora de establecer una cita, es conveniente confirmar con ellos que los números de la fecha propuesta son favorables. El número cuatro (sì 四) se considera que trae mala suerte, ya que suena como la palabra 'muerte' (sǐ 死).

Me hospedo en ..., habitación ...	我住在……， ……号房间。 uǒ tshù tsài ..., ... jào fángyān.
Estoy con (China Travel Co).	我跟(中旅公司) 一块来的。 uǒ gēn (tshōnglǔ gōngsī) yīkuàilái de.
Estoy con mi/s compañero/s de trabajo.	我跟(几个) 同事一块来的。 uǒ gēn (yǐge) tóngshì yīkuàilái de.
Estoy con otros (dos).	我跟(两个) 人一块来的。 uǒ gēn (liǎngge) rén yīkuàilái de.
Estoy solo.	我一个人来的。 uǒ yīgerén lái de.
Tengo una cita con ...	我跟……有约。 uǒ gēn ... yǒuyuē.

| Necesito … | 我需要…… |
| | uǒ shūyào … |

un ordenador	一个电脑	yīge diànnǎo
una conexión a internet	上网	shàng uǎng
un intérprete	一位翻译	yīuèi fānyì
enviar un fax	发一个传真	fā yīge tshuántshēn

Ha ido muy bien.	刚才开得很好。
	gāngcái kāide jénjǎo.
Gracias por su tiempo.	谢谢你们的关照。
	shièshie nǐmende guāntshào.
¿Vamos a tomar una copa?	咱们是不是出去喝杯酒？
	tsánmen shìbùshì tshūchù jēbēiyiǔ?
¿Vamos a comer?	咱们是不是出去吃顿饭？
	tsánmen shìbùshì tshūchù chīdùnfàn?
Invito yo.	我请客。
	uǒ chǐng kè.

SOBRE LA CULTURA

Haciendo negocios en China

El concepto de guanxi guānshì 关系 (relaciones) es fundamental para hacer negocios en China. En un país donde la gente suele tener que competir por una oferta limitada de bienes y servicios, una red de relaciones, recíprocamente ventajosas en lugares influyentes, es muy importante. Obtener lo que uno quiere de esta forma se denomina 'entrar por la puerta de atrás' (tsǒujòumén 走后门). Las típicas demostraciones de guānxì son los abundantes banquetes regados con bebidas alcohólicas (báichiǔ 白酒). Los que quieran cerrar algún trato mientras están en el país, tal vez deberían considerar la posibilidad de adoptar las costumbres locales en este sentido..

Turismo

FRASES ÚTILES

Quisiera un guía.	我想买一本指南书。	uǒ shiǎng mǎi yī běn tshǐnán shū.
¿Puedo sacar fotos?	可以照相吗?	kěyǐ tshàoshiàng ma?
¿A qué hora abre el museo?	博物馆几点开门?	bówùguǎn shǐdiǎn kāimén?
Estoy interesado en ...	我对……感兴趣。	uǒ duì … gǎnshìngqù.
¿Cuándo es la siguiente (excursión)?	下一个(向导游)是什么时候?	shiàyīge (shiàngdǎoyóu) shì shénme shíhòu?

Peticiones

Quisiera un/una ...
我想买一……
uǒ shiǎng mǎi yī ...

audioguía	个语音向导	ge yǔyīn shiàngdǎo
catálogo	本画册	běn juàcè
guía	本指南书	běn tshǐnán shū
guía escrita en inglés	本英文指南书	běn yīnguàn tshǐnán shū
mapa (local)	张(本地)地图	tshāng (běndì) dìtú

¿Tiene información sobre cultura local?
有没有关于地方文化的资料?
yǒuméiyǒu guānyú dìfāng uénhuà de tsīliào?

几点回来？
chǐdiǎn juílái?
¿A qué hora hay que estar de vuelta?

¿Tiene información sobre historia local?	有没有关于地方史的资料？ yǒuméiyǒu guānyú dìfāng shǐ de tsīliào?
¿Tiene información sobre religión local?	有没有关于地方宗教的资料？ yǒuméiyǒu guānyú dìfāng tsōngjiào de tsīliào?
Me gustaría ver ...	我想看…… uǒ tsiǎng kàn ...
¿Qué es eso?	那是什么？ nà shì shénme?
¿Quién lo hizo?	是谁做的？ shì shéi tsuòde?
¿Cuántos años tiene?	有多久的历史？ yǒu duōchiǔ de lìshì?

¿Puedo sacar fotos?	可以照相吗？	kěyǐ tshàoshiàng ma?
¿Me puede sacar una foto?	你能帮我照相吗？	nǐ néng bāng uǒ tshàoshiàng ma?
¿Le puedo sacar una foto?	我能拍(你)吗？	uǒ néng pāi nǐ ma?
Le mandaré la foto.	我会把照片寄给你。	uǒ juì bǎ tshàopiàn chìgěi nǐ.
Por favor, escríbame su nombre y dirección.	请写下你的名字和地址。	chǐng shiěshià nǐde míngzì hé dìtshǐ.
He estado en ...	我去过……	uǒ qùguò ...
Planeo ir a ...	我打算去……	uǒ dǎsuàn qù ...

ver el ejército de terracota de Xian	西安兵马俑	kān bīngmǎyǒng
la Ciudad Prohibida	故宫	gùgōng
la Gran Muralla	长城	tshángtshéng
Guilin	桂林	guìlín
Pingyao	平遥	píngyáo
Tai Shan	泰山	tàishān
el lago del Oeste de Hangzhou	杭州西湖	jángztsōu shīhú

Accesos

¿A qué hora abre?	几点开门？	chǐdiǎn kāimén?
¿A qué hora cierra?	几点关门？	chǐdiǎn guānmén?

¿Cuánto cuesta la entrada?	门票多少钱?
	Ménpiào duōshǎo qián?
¿Hacen descuento a ...?	给……打折扣吗?
	Gěi ... dǎzhékòu ma?

niños	儿童	értóng
familias	家庭	chiātíng
grupos	团体	tuántǐ
la tercera edad	老年人	lǎoniánrén
estudiantes	学生	shuéshēng

Galerías y museos

¿A qué hora abre la galería?	艺术馆几点开门?
	yìshùguǎn chǐdiǎn kāimén?
¿A qué hora abre el museo?	博物馆几点开门?
	bóuguǎn shǐdiǎn kāimén?
P ¿En qué tipo de arte estás interesado?	你喜欢什么样的艺术?
	nǐ shǐjuān shénmeyàng de yìshù?
R ¿Estoy interesado en ...	我对……感兴趣。
	uǒ duì ... gǎnshìngqù.
P ¿Qué hay en la colección?	这里收藏了什么?
	tshè lǐ shōucáng le shénme?
R Es una exposición de ...	是一个……展览。
	shì yīge ... tshǎnlǎn.
P ¿Qué opinas de ...?	你觉得……怎么样?
	nǐ chuéde ... tsěnmeyàng?
R Me gusta el trabajo de ...	我喜欢……的作品。
	uǒ shǐjuān ... de tsuòpǐn.
R Me recuerda a ...	让我想到……
	ràng uǒ shiǎngdào ...

| arte ... | ……艺术 | ... yìshù |

de cómic	漫画	mànhuà
gráfico	版画	bǎnhuà
moderno	现代派	shiàndài pài
realista	现实主义	shiànshí tshǔyì

Circuitos

¿Me puede recomendar un/a (excursión en barco)?	你能推荐一个(游船)吗？ nǐ néng tuīchiàn yīge (yóuchuān) ma?
¿Me puede recomendar un/a (excursión de un día)?	你能推荐一个(一日游)吗？ nǐ néng tuīchiàn yīge (yīriyóu) ma?
¿Cuándo es la siguiente excursión?	下一个(向导游)是什么时候？ shiàyīge (shiàngdǎoyóu) shì shénme shíhòu?
¿Está incluido el/la ... ?	包括……吗？ bāokuò ... ma?

alojamiento	住宿	tshùsù
entrada	门票钱	ménpiàoqián
comida	饮食	yǐnshí
transporte	交通	chiāotōng

El guía pagará.	导游会付钱。 dǎoyóu juì fùchián.
El guía ha pagado.	导游已经付了钱。 dǎoyóu yīchīng fùle chián.

SOBRE LA CULTURA

Lǎowài

Una de las pequeñas molestias que se pueden llegar a sufrir si uno se aventura fuera de las grandes ciudades son las constantes exclamaciones de 老外 lǎowài, o incluso 'Hello lǎowài, hello!' El primer carácter significa 'viejo' y es una señal de respeto y el segundo significa literalmente 'fuera'.

La expresión no es precisamente educada, aunque tampoco resulta ofensiva. Se podría equiparar a '¡eh viejo extranjero!' o algo similar. No hay duda de que esta expresión está mejor que otras formas, ya en desuso, de dirigirse a los extranjeros como 'demonio extranjero' o 'espía americano'. Si uno responde con un 'hola', puede esperar que la gente se eche a reír histéricamente.

¿Cuánto dura la excursión?	向导游要多长时间？ shiàngdǎoyóu yào duōcháng shíchiān?
¿A qué hora hay que estar de vuelta?	几点回来？ chǐdiǎn juílái?
Estoy con ellos.	我跟他们在一块。 uǒ gēn tāmen tsài yīkuài.
He perdido a mi grupo.	我找不到我的团队。 uǒ tshǎobùdào uǒde tuánduì.

EN PRÁCTICA · TURISMO

Viajeros mayores o discapacitados

FRASES ÚTILES

Necesito asistencia.	我需要帮助。	uǒ shūyào bāngtshù.
¿Tiene acceso para silla de ruedas?	轮椅能进门吗？	lúnyǐ néng chìn mén ma?
¿Me puede ayudar a cruzar la calle?	能帮我过马路吗？	néng bāngguǒ guò mǎlù ma?

La gente mayor es venerada en China. Que a uno lo llamen 'señor mayor' (dàye 大爷 – lit 'abuelo') o 'señora mayor' (dàmā 大妈 – lit. 'abuela') es un cumplido, un homenaje a la madurez y a la sabiduría. Sin embargo, las personas con discapacidades no lo tendrán fácil para viajar por el país, pues son muy pocas las instalaciones adaptadas a este tipo de necesidades.

Soy sordo.	我耳朵聋了。	uǒ ěrduō lóng le.
Llevo un audífono.	我带有助听器。	uǒ dàiyǒu tshùtīngchì.
Soy discapacitado.	我有残疾。	uǒ yǒu cánchí.
Necesito asistencia.	我需要帮助。	uǒ tshūyào bāngtshù.
¿Tiene acceso para silla de ruedas?	轮椅能进门吗？	lúnyǐ néng chìn mén ma?
¿Qué ancho tiene la entrada?	门口有多宽？	ménkǒu yǒu duōkuān?
¿Cuántos escalones hay?	有多少台阶？	yǒu duōshǎo táichiē?

¿Hay ascensor?	有电梯吗？ yǒu diàntī ma?
¿Hay un pasamanos en el cuarto de baño?	浴室里有扶手吗？ yùshì lǐ yǒu fúshǒu ma?
¿Me puedo sentar en algún sitio?	哪里可以坐下休息？ nǎli kěyǐ tsuòchià shiūshi?
¿Me puede ayudar a cruzar la calle?	能帮我过马路吗？ néng bāngguǒ guò mǎlù ma?
persona mayor	老年人 lǎoniánrén
persona con discapacidad	残疾人 cánchí rén
rampa	坡道 pōdào
andador	拐杖架子 guǎitshàng chiàtsi
bastón	拐杖 guǎitshàng
silla de ruedas	轮椅 lúnyǐ

Viajar con niños

FRASES ÚTILES

¿Pueden entrar niños?	能带小孩去吗？	néng dài shiǎojái qù ma?
¿Hay descuento infantil?	这儿有没有给儿童打折扣？	tshèr yǒuméiyǒu gěi értóng dǎ tshékòu?
¿Hay algún sitio por aquí donde llevar a los niños?	附近有孩子玩的地方吗？	fùchìn yǒu jáitsi uánde dìfang ma?

Los chinos sienten una gran fascinación por los niños extranjeros. Viajar con niños abrirá las puertas para entablar conversación y conocer gente.

¿Hay un/una ...?   这儿有没有……？
tshèr yǒuméiyǒu ...?

descuento infantil	给儿童打折扣	gěi értóng dǎ tshékòu
servicio de canguro	保姆服务	bǎomǔ fú ù
ración infantil	儿童份量（的饭菜）	értóng fènliàng (de fàncài)
guardería	幼儿园	yòu'éryuán
'ticket familiar'	家庭票	chiātíng piào

| **Necesito un/una ...** | 我在找…… | uǒ tsài tshǎo yī ... |

silla para niño	个婴儿座	ge yīng'ér tsuò
canguro (que hable inglés)	位(会说英文的)保姆	uèi (juì shuō yīnguén de) báomǔ
cuna	张婴儿床	tshāng yīng'ér chuáng
trona	张高凳子	tshāng gāodèngtsi
bolsa de plástico	个塑料袋	ge sùliào dài
funda de colchón	块塑料布	kuài sùliào bù
orinal	个婴儿马桶	ge yīng'ér mǎtǒng
cochecito	辆小推车	liǎng shiǎotuǐtshē
bolsa para el mareo	个呕吐袋	ge ǒutù dài
silla de paseo	辆婴儿推车	liǎng yīng'ér tuīchē

| **¿Venden ...?** | 你们卖……吗？ | nǐmen mài ... ma? |

toallitas húmedas	婴儿纸巾	yīng'ér tshǐchīn
pañales desechables	一次性尿裤	yīchìshìng niàokù
calmantes para bebés	孩子止痛药	jáitsi tshǐtòng yào
pañuelos	纸巾	tshǐchīn

| **¿Dónde está el ... más cercano?** | 最近的……在哪里？ | tsuìchìn de ... tsài nǎli? |

parque	公园	gōngyuán
zona de juegos	孩子活动地方	jáizi juódòng dìfang
piscina	游泳池	yóuyǒng chí
fuente	水龙头	shuǐlóngtóu
parque temático	游乐园	yóulèyuán
tienda de juguetes	玩具店	uánchù diàn

EN PRÁCTICA · VIAJAR CON NIÑOS

¿Alquilan cochecitos/sillas de paseo?	这儿能租用婴儿推车吗? Zhèr néng zūyòng yīng'ér tuītshə ma?
¿Hay sitio para cochecitos/sillas de paseo?	有地方放推车吗? yǒu dìfang fàng tuītshə ma?
¿Pueden entrar niños?	能带小孩去吗? néng dài shiǎohái qù ma?
¿Hay algún sitio por aquí donde llevar a los niños?	附近有孩子玩的地方吗? fùchìn yǒu jáitsi uánde dìfang ma?
¿Es adecuado para niños de ... años?	对……岁孩子合适吗? duì ... suì jáitsi jéshì ma?
¿Le importa si doy el pecho aquí?	这儿喂奶你介意吗? tshèr uèinǎi nǐ chièyì ma?
¿Me puede dejar papel y lápiz, por favor?	能借用纸和笔吗? néng chièyòng tshǐ jé bǐ ma?
¿Conoce a un dentista bueno para niños?	哪个儿科牙医比较好? nǎge érkē yáyī bǐchiào jǎo?
¿Conoce algún médico bueno para niños?	哪个儿科医生比较好? nǎge érkē yīshēng bǐchiào jǎo?

Si el niño está enfermo véase **salud**, p. 166.

… 111

Relacionarse

CONOCER GENTE	112
INTERESES	123
SENTIMIENTOS Y OPINIONES	128
OCIO	134
EL ARTE DE SEDUCIR	140
CREENCIAS Y CULTURA	145
DEPORTE	148
AL AIRE LIBRE	156

Conocer gente

FRASES ÚTILES

Me llamo ...	我叫……	uǒ chiào ...
Soy de ...	我从……来。	uǒ tsóng ... lái.
Soy ...	我是个……	uǒ dǎng
Tengo ... años.	我……岁。	uǒ ... suèi.
¿Y tú?	你呢？	nǐ nə

Lo básico

La expresión "por favor" (chǐng 请) siempre precede a una petición. Es posible que uno acabe familiarizándose con las dos últimas frases que aparecen más abajo, pues los chinos las utilizan con mucha frecuencia.

Sí.	是。 shèdə.
No.	不是。 bù.
Por favor ...	请…… chǐng ...
(Muchas) gracias.	(非常)谢谢你。 (shiè shie nín) duō shiè.
De nada.	不客气。 bu kàchi.
Perdón. (para llamar la atención)	劳驾。 láochià.
Perdóneme. (para pasar)	借光。 chièguāng.
Perdón.	对不起。 duèibuchi.

Como quiera.	随便。
	suéibièn.
No hay problema.	没关系。
	méiguānshi.

Saludos y despedidas

En el lenguaje común, nǐ 你 (('tú') puede adoptar la forma educada nín 您, que resulta especialmente habitual en Beijing. Uno podrá encontrar esta forma en algunos saludos habituales.

Buenas a todos.	大家好。
	dàchiā jǎo.
Hola. (general)	你好。
	níjǎo.
Hola. (Beijing)	您好。
	nín jǎo.

我很喜欢这里。
uǒ jən shǐjuān tshəli.
Me encanta este sitio.

Hola. (lit.: ¿Has comido?)	吃饭了吗？	tshə¯fàn lə ma?
Buenas tardes.	下午好。	shiàǔ jǎo.
Buenas noches.	晚上好。	uǎnshàng jǎo.
Buenos días. (después de desayunar)	早上好。	tsǎoshàng jǎo.
P **¿Cómo estás?** (general)	你好吗？	níjǎo ma?
P **¿Cómo estás?** (Beijing)	您好吗？	nínjǎoma?
R **Bien. ¿Y tú?**	好。你呢？	jǎo. Nǐ nə?
¿Cómo te llamas?	你叫什么名字？	nǐ chiào shənmə míngtsə?
Me llamo ...	我叫……	uǒ chiào ...
Te quiero presentar a ...	给你介绍……	géi nǐ chièshào ...
✂ **Este/Esta es ...**	这是…	tshə` shə` ...
Encantado de conocerte.	幸会。	shìngjuèi.
Este/Esta es mi ...	这是我的……	tshə` shə` uǒdə ...

hijo	孩子	jáitsə
compañero	同事	tóngshè
amigo	朋友	pəngyǒu
pareja	对象	duì xiàng

Para conocer otros parentescos familiares, véase **Familia**, en p. 120.

Adiós (formal).	再见。
	tsàichièn.
Adiós (informal).	拜拜。
	bàibai.
Hasta luego	回头见。
	uéitóu chièn
Buenas noches.	晚安。
	uǎnān.

Dirigirse a las personas

En China existe una gran variedad de fórmulas de tratamiento, algo que refleja su rico pasado feudal. Los que viajen por el país podrán desenvolverse con los tres tipos de tratamiento indicados a continuación. El último término shiáochiě 小姐 se está convirtiendo en el más habitual para mujeres de estado civil desconocido. Hay que tener cuidado, ya que puede tener un sentido peyorativo y significar "prostituta", aunque solo si se utiliza en un contexto sexual

Sr./Señor (lit.: primer nacido)	先生
	shiēnshəng
Sra./Señora	女士
	nǔshè
Srta./Señorita (lit.: hermana pequeña)	小姐
	shiáochiě

Entablar conversación

Existen algunos saludos comunes y formas de iniciar conversaciones que uno puede escuchar o utilizar para romper el hielo.

¿Has comido?	吃饭了吗?
	tshə̄fàn lə ma?
¿Sales?	出去吗?
	tshūchù ma?
¡Has llegado!	你来啦!
	nǐ láilo

SOBRE LA CULTURA — Tratamientos habituales

En China, la forma más amistosa de tratar a alguien es presentarle a la familia. A una mujer de una generación mayor se le puede llamar ā yí 阿姨 (tía). Una muestra de cortesía cuando se intenta adivinar la edad de alguien, es dar una cifra tirando por lo alto.

En Beijing, términos gē rmən 哥们儿 (amigo) y chiěmən 姐们儿 (hermanas) son populares para hombres y mujeres respectivamente, y reflejan la cultura joven y desenfadada de la capital. En otras partes se utilizan las palabras dàgē 大哥 (hermano mayor) y chiěchie 姐姐 (hermana mayor). Un insulto bastante común es llamar a un coetáneo suā ntsə 孙子 (nieto).

¿Te vas al mercado?	买菜去？ mǎitsài chü?
¿Vives aquí?	你住这里吗？ nǐ tshù tshə`li ma?
¿Adónde vas?	上哪儿去？ shàngnǎr chü?
¿Qué haces?	你在干吗？ Nǐ tsài gànma?
P ¿Te gusta este sitio?	喜欢这里吗？ shǐjuān tshə`lǐ ma
R Me encanta este sitio.	我很喜欢这里。 uǒ jən shǐjuān tshə`li.
P ¿Estás aquí de vacaciones?	你来这里旅游吗？ nǐ láitshə`lǐ lüyóu ma?
R Estoy aquí de vacaciones.	我来这里旅游。 uǒ láitshə`lǐ lüyóu.
R Estoy aquí por trabajo.	我来这里出差。 uǒ láitshə`lǐ chūtshāi.

R Estoy aquí por estudios.	我来这里留学。 uǒ láitshə̀lǐ líoushūé.	
P ¿Cuánto tiempo te quedarás?	你在这里住多久？ nǐ tsài tshə̀lǐ tshù duōchiǒu?	
R Me quedaré (cuatro) semanas.	我住（四）个星期。 uǒ tshù (sə̀)gə shīngchī.	
¿(Te) Puedo sacar una foto?	我可以拍(你)吗？ uǒ kěyǐ pāi (nǐ) ma?	
Eso es (precioso), ¿verdad?	太(好看)了！ tài (jǎokàn) lə!	
Era una broma.	开玩笑。 kāiuánshiào.	
¿Cómo se llama esto?	这个叫什么？ tshə̀ge chiào shənmə?	

Nacionalidades

P ¿De dónde eres?	你从哪儿来？ nǐ tsóngnǎ lá?	
R Soy de Australia.	我从澳大利亚来。 uǒ tsóng Àodàlìyà lái.	
R Soy de Canadá.	我从加拿大来。 uǒ tsóng Jiānádà lái.	
R Soy de Singapur.	我从新加坡来。 uǒ tsóng Xīnjiāpō lái.	

Para otras nacionalidades, véase el **Diccionario**.

Edades

No hay que indignarse si todo el mundo parece estar obsesionado por saber la edad del viajero. No pretenden ofender, sino que se trata de simple curiosidad, ya que los años son un símbolo de estatus y riqueza en la tradición china.

RELACIONARSE CONOCER GENTE

🔊 SE OIRÁ

A veces la gente siente curiosidad por saber cómo perciben los extranjeros el choque cultural, de modo que es posible que le planteen la siguiente pregunta:

你在这儿习惯吗？ nǐ tsài tshə` lǐ shíguàn lə ma
¿Te has acostumbrado a la vida aquí?

P	¿Cuántos años tienes?	你多大了？ nǐ duōdà lə?
R	Tengo ... años.	我……岁。 uǒ ... suèi.
P	¿Cuántos años tiene tu hija?	你的女儿多大了？ nǐdə nüər duōdà lə?
P	¿Cuántos años tiene tu hijo?	你的儿子多大了？ nǐdə ərtsə duōdà lə?
R	Él/Ella tiene ... años.	他/她……岁。 tā ... suèi.
	¡Demasiado viejo!	太老了！ tài lǎo lə!
	Soy más joven de lo que aparento.	我还小了。 uǒ jǎi tshiǎo lə.

Para las edades, véase **Números y cantidades,** en p. 34.

Trabajos y estudios

No hay que sorprenderse si algún curioso pregunta '¿Cuánto ganas?' (nǐ tshàng duō-shǎo chién? 你挣多少钱？), pues se trata de una de las diez preguntas más habituales que se plantean a los extranjeros. Esta curiosidad se explica probablemente por el nuevo y emocionante fenómeno del mercado libre de trabajo.

P	¿A qué te dedicas?	你做什么工作？ nǐ tsuò shən mə gōngtsu?

R Soy un ...	我是个……	uǒ dāng ...

contable	会计	kuàichi
chef	厨师	tshúshə⁻
ingeniero	工程师	gōngtshəngshə⁻
periodista	记者	chìtshə⁻
maestro	老师	lǎoshə⁻

R Me dedico a los negocios.	我做生意。	uǒ tsuò shə⁻ngyì.
R Hago trabajos informales.	我打工。	uǒ dǎgōng.
R Trabajo en la Administración	我做秘书工作。	uǒ tsuò mìshu gōngtsuò.
R Trabajo en sanidad.	我做卫生工作。	uǒ tsuò uèishə⁻ng gōngtsuò.
R Trabajo en ventas y marketing.	我做销售工作	uǒ tsuò shiāoshòu gōngtsuò
R Estoy jubilado.	我退休了。	uǒ tuèishiōu lə.

SOBRE EL IDIOMA

Iniciar conversaciones

Cuando se intenta empezar una conversación en China, no hay que tener miedo de preguntar o afirmar lo más obvio. Si un amigo está saliendo de un restaurante, se le puede preguntar si ha comido empleando la frase tshə̄ fàn lə ma? 吃饭了吗? ('¿has comido?'). Si a uno no se le ocurre ninguna pregunta obvia para hacer, se puede afirmar algo que sea elemental. Es tan fácil como hablar del tiempo. Si alguien acaba de entrar por la puerta de casa, se le puede confirmar la llegada diciendo con alegría nǐ lái la! 你来啦! ('¡has llegado!').

RELACIONARSE · CONOCER GENTE

R Soy autónomo.	我下海了。	uǒ shiàjǎi lə.
R Estoy en paro.	我下岗了。	uǒ shiàgǎng lə.
P ¿Qué estudias?	你学什么？	nǐ shüéshi shənmə?
R Estoy estudiando humanidades.	我学文科。	uǒ shüé uənkə⁻
R Estoy estudiando chino (mandarín).	我学中文。	uǒ shüé tshōnguən.
R Estoy estudiando ciencias.	我学理科。	uǒ shüé lǐkə⁻

Para otros trabajos y estudios, véase el **Diccionario**.

Familia

Los términos para expresar parentesco pueden llegar a ser muy complicados en chino, ya que existen diferentes títulos en función de la jerarquía de la edad y de si la relación es materna o paterna. A continuación se incluyen los términos para los familiares más inmediatos y para algunos parientes.

P ¿Estás casado?	你结婚了吗？	nǐ chiéjuə⁻n lə ma?
R Vivo con alguien.	我有伴儿。	uó yǒu bàn
R Yo ...	我……	uǒ ...

divorciado	离婚了	líjuə⁻n lə
en pareja	有伴	yǒu·bàn
casado	结婚了	chiéjuə⁻n lə
separado	分手了	fə⁻nshǒu lə
soltero	单身	dānshə⁻n

P ¿Tienes tu propia familia?	你成家了吗？	nǐ tshəngchiā lə ma?
P ¿Tienes un/una ...?	你有……吗？	nǐ yǒu ... ma?
R Yo (no) tengo un/una ...	我（没）有……	uǒ (méi) yǒu ...

hermano	兄弟	shiōngdi
hija	女儿	nǚər
padre	父亲	fùchīn
nieta	孙女	suə̄nnǚ
nieto	孙子	suə̄ntsə
marido	丈夫	tshàngfu
madre	母亲	mǔchīn
pareja (íntima)	对象	tóngbàn
hermana	姐妹	chiěmèi
hijo	儿子	ərtsə
mujer	太太	tàitai

Despedidas

Mañana es mi último día aquí.	明天我要走了。	míngtiēn uǒ yào tsǒu lə.
Si vienes a (España), te puedes quedar en mi casa.	有机会来(西班牙)，可以住我那儿。	yǒu chījuèi lái (shībānyá) kəyǐ tsháo uǒ nàr.
¡Mantendremos el contacto!	保持联系！	bǎotshə liénshi
Me ha encantado conocerte.	认识你实在很高兴。	rènshè nǐ shítsài jěn gāoshìng.

P ¿Cuál es tu (correo electrónico)?	你的(网址)是什么？ nǐdə (uángtshə)shə̀ shənmə?
R Este/Esta es mi (dirección).	给你我的(地址)。 géinǐ uǒdə (dìtshə).
R Este/esta es mi (número de teléfono).	给你我的(电话号码)。 géinǐ uǒdə (diènjuà jàomǎ).

Buenos deseos

¡Buen viaje!	一路平安！ yílù píngān!
¡Felicidades!	恭喜, 恭喜！ gōngshi gōngshi!
¡Buena suerte!	祝你好运！ tshù nǐ jǎoyùn!
¡Feliz cumpleaños!	生日快乐！ shə̄ngrə̀ kuàilə̀!
¡Feliz Año Nuevo (Chino)!	新年好！ shīnnién jǎo!
¡Enhorabuena! ¡Que ganes mucho dinero!	恭喜发财！ gōngshǐ fātsái!

Esta última expresión es una felicitación del Año Nuevo Chino, utilizada sobre todo en el sur del país.

Intereses

FRASES ÚTILES

¿Qué haces en tu tiempo libre?	你有什么爱好吗？	ní yǒu shənmə àijào ma?
¿Te gusta ...?	你喜欢……吗？	ní shǐjuān ... ma?
(No) me gusta/n ...	我(不)喜欢……	uǒ (bù)shǐjuān ...

Intereses comunes

P ¿Qué haces en tu tiempo libre?
你有什么爱好吗？
ní yǒu shənmə àijào ma?

P ¿Te gusta ...?
你喜欢……吗？
ní shǐjuān ... ma?

hacer caligrafía	书法	shūfǎ
escalar montañas	爬山	páshān
los juegos de ordenador	电子游戏	dièntsʿ yóushì
ir al cine	看电影	kàn diènyǐng
la música	听音乐	tīngyīnyüè
la fotografía	摄影	shèyǐng
el deporte	体育	tǐyû
navegar por internet	上网	shàngwǎng
ir de compras	逛街	guàngchiē

RELACIONARSE INTERESES

(No) me gusta/n ...
我(不)喜欢……
uǒ (bù)shǐjuān ...

cocinar	做饭	tsuòfàn
bailar	跳舞	tiàoǔ
dibujar	画画	juàjuà
beber	喝酒	jə⁻chiǒu
comer	吃饭	tshə⁻fàn
la jardinería	养花	yǎngjuā
leer	看书	kànshū
hablar	聊天	liáotiēn
viajar	旅游	lǔyóu
andar	散步	sànbù
ver la TV	看电视	kàn diènshə`

Para más actividades deportivas, véase **Deporte**, en p. 148.

Música

¿(Tú) ...?
你爱……吗？
nǐ ài ... ma?

bailas	跳舞	tiàoǔ
vas a conciertos	参加音乐会	tsānchiā yīnyùèjuèi
escuchas música	听音乐	tīngyīnyùè
tocas algún instrumento	弹乐器	tān yüè·chì
cantas	唱歌	chànggə⁻

¿Qué grupos de música te gusta/n?	你喜欢什么乐队？ ní shǐjuānshənmə yüè duèi?
¿Qué música te gusta/n?	你喜欢什么音乐？ ní shǐjuānshənmə yīnyüè?
¿Qué cantantes te gusta/n?	你喜欢什么歌手？ ní shǐjuānshənmə gə⁻shǒu?

música alternativa	非主流音乐 fēitshǔlióu yīnyüè
blues	蓝调音乐 lándiào yīnyüè
música tradicional china	中国传统音乐 tshōngguó tshuántǒng yīnyüè
música clásica	古典音乐 gǔdiěn yīnyüè
música suave	轻音乐 chīng yīnyüè
música electrónica	电子音乐 dièntsǎ yīnyüè
música folk	民谣 mínyáo
heavy metal	重金属音乐 tshòngchīnshǔ yīnyüè
hip hop	说唱音乐 shuōtshàng yīnyüè
jazz	爵士乐 chüéshə`yüè
ópera de Pekín	京剧 chīngchù
pop	流行音乐 lióushíng yīnyüè
rock	摇滚 yáoguǎn
músicas del mundo	国际民谣音乐 guóchì mínyáo yīnyüè

Si se desea ir a algún concierto, véase **Ocio**, en p. 134.

RELACIONARSE · INTERESES

Cine y teatro

Me apetece ir a (*ballet***).**	我想去看(芭蕾)。 uó shiǎngchǔ kàn bāléi.
Me apetece ir a (película).	我想去看(电影)。 uó shiǎngchǔ kàn (diènyǐng).
¿Qué ponen (en el cine/teatro) esta noche?	今晚有什么节目？ chīnuǎn yǒu shənmə jiémù?
¿Está en inglés?	是英文版吗？ shə̀ yīnguən bǎn ma?
¿Está subtitulado en (inglés/español)?	有(英文/西班牙文)字幕吗？ yǒu (yīnguən/shībānyáuən) tsə̀mù ma?
¿Está ocupado este asiento?	这座有人吗？ tshə̀ tsuòuèi yǒu rən ma
¿Has visto ...?	你看过……吗？ nǐ kànguò ... ma
P ¿Quién actúa?	是谁演的？ shə̀ shéi yǎndə
R Actúa ...	主角是…… tshúchiǎo shə̀ ...
P ¿Te gustó?	你喜欢(戏剧)吗？ ... jǎokàn ma
R Me pareció excelente.	我觉得很好看。 uǒ chüédə jə njǎo kàn
R Me pareció largo.	我觉得有点长。 uǒ chüédə yóu diěn tsháng
R Me pareció bien.	我觉得还行。 uǒ chüédə jáishíng
(No) Me gusta/n ...	我(不)喜欢…… uǒ (bù) shǐjuān...

SOBRE LA CULTURA

Los juegos

En los lugares públicos, como las casas de té o los parques, es muy habitual ver grupos de gente, a menudo de hombres jubilados, jugando a las cartas o a juegos de mesa. El juego más populare es el Mahjong máchiàng 麻将. El movimiento de las fichas suele ir acompañado a menudo de conversaciones que se van animando a medida que se gana o se pierde dinero en el juego.

Algunos afirman que el juego del ajedrez se inventó en China, y aunque esto resulta difícil de demostrar, sí es cierto que tanto el ajedrez chino shiàngchí 象棋 como el ajedrez internacional guóchì shiàngchí 国际象棋 gozan de gran popularidad. La afición de los chinos a los juegos de azar incluye también numerosos juegos de cartas pū·kə` pái 扑克牌, como por ejemplo el *bridge*.

las películas de acción	动作片	dòngtsuò piēn
los dibujos animados	动画片	dòngjuà piēn
el cine chino	中国 电影	tshōngguó diènyǐng
las comedias	喜剧片	shǐchù piēn
los documentales	纪录片	chìlù piēn
los dramas	戏剧	chùchíng pien
el cine de Hong Kong	香港 电影	shi[]nggǎng diènyǐng
las películas de miedo	恐怖片	kǒngbù piēn
kung fu	武打片	uódǎ piēn
la ciencia ficción	科幻片	kə juàn piēn
los cortos	短篇 电影	duǎnpiēn diènyǐng
el suspense	惊险片	tsə`chi piēn
las películas bélicas	战争片	tshàntshəng piēn

RELACIONARSE · INTERESES

Sentimientos y opiniones

FRASES ÚTILES

¿Tú (estás/tienes) ...?	你……吗？	nǐ ... ma
(No) Estoy/Tengo ...	我(不)……	uǒ (bù) ...
¿Qué te parece?	你觉得怎么样？	nǐ chüédə tsənmə yàng
Pensé que era bueno.	我觉得还行。	uǒ chüédə jáishíng
¿Has oído hablar de ...?	你听说过……吗？	nǐ tīngshuōguò ... ma

Sentimientos

Las sensaciones físicas (calor, hambre, etc.) se expresan en chino con el equivalente al verbo 'ser', mientras que para los sentimientos (deprimido, desilusionado, etc) se utiliza 'sentirse'. Estas frases pueden resultar útiles, ya que en China la simpatía se muestra a menudo a través de una preocupación exagerada por el bienestar de los demás.

P ¿Tú (estás/tienes) ...? 你……吗？ Nǐ ... ma?

R (No) Estoy/Tengo ... 我(不)…… uǒ (bù) ...

frío	冷	lěng
calor	热	rè
hambre	饿	è
sed	渴	kě
cansancio	累	lèi

P ¿Te sientes/estás ...?	你感到……吗？	nǐ chüédə ... ma
R (No) me siento ...	我（不）感到……	uǒ (bù) chüédə... ...

molesto	生气	shəngchì
deprimido	郁闷	yǔmən
desilusionado	失望	yíjàn
avergonzado	不好意思	bùjǎo yìsi
feliz	高兴	gāoshìng
triste	难过	bùgāoshìng
sorprendido	惊讶	chīngyà
preocupado	着急	tshāochí

Para más información sobre otros estados, véase **salud**, en p. 166.

Opiniones

P ¿Te gustó?	你觉得好吗？	Nǐ juédé hǎo ma?
R Pensé que era ...	我觉得……	Wǒ juédé ...
P ¿Qué te parece?	你觉得怎么样？	Nǐ juédé zěnme yàng?
R Es ...	它……	Tā ...

espantoso	很差劲	jən tshāchìn
bonito	好美	jáoměi
aburrido	很无聊	jən úliáo
fabuloso	很棒	jən bàng
interesante	很有意思	jən yǒu yìsə
extraño	奇怪	chíguài

un poco	有一点	yǒu yī·diěn
Estoy un poco triste.	我有一点难过。	uó yǒu yī·diěn bù·gāo·shìng
muy	很	jěn
Estoy muy sorprendido	我很惊讶。	uó jěn chīngyà
extremadamente	非常	fēitsháng
Estoy extremadamente contento.	我非常高兴。	uǒ fēitsháng gāoshìng

Política y temas sociales

Hay que tener en cuenta que puede resultar delicado hablar con personas desconocidas sobre temas sociales, políticos y medioambientales. Además, el hecho de que los chinos vean al viajero como un extranjero rico puede influir en el modo en que interpreten sus preguntas. Por otra parte, es probable que las críticas injustificadas hacia lo chino no ayuden a granjear demasiadas amistades.

P **¿A quién votas?**	你投票给哪个党？	nǐtóu nǎge dǎng
R **Yo apoyo al partido ...**	我支持……党。	uǒ tshə tshə ... dǎng
R **Soy miembro del partido ...**	我是……人士。	uǒ shə` ... dǎngyuán
partido comunista	共产党	gòngtshándǎng
conservador	保守派	báoshǒu pài
activistas verdes	环保	juánbǎo fènzə
izquierdista	左翼	tsuǒyì

> 它好美
> tā jáoměi.
> ***Es bonito.***

reformista	改革派 gǎigə pài
derechista	右翼 yòuyì
partido social demócrata	社会民主党 dǎng shə` juèi míntshǔ
socialista	社会党 shə` juèi tshǔyì dǎng
¿Has oído hablar de ...?	你听说过……吗? nǐ tīngshuōguò ... ma
P ¿Estás de acuerdo?	你同意吗? nǐ tóngyì ma
R (No) estoy de acuerdo con ...	我(不)同意…… uǒ (bù) tóngyì ...

RELACIONARSE — SENTIMIENTOS Y OPINIONES

SOBRE LA CULTURA

Reparar el daño

Si alguien parece estar preocupado por la posibilidad de haber ofendido al viajero, se le puede indicar que todo está bien repitiendo lentamente méishə 没事 ('No hay problema.'). Si por el contrario es el viajero el que piensa que quizá haya podido ofender a alguien, puede preguntar méishə` ba 没事吧? ('No hay ningún problema, ¿no?'). Por último, si el viajero piensa que quizá alguien haya querido ofenderle, puede preguntar yǒushə` ma 有事吗? ('¿Hay algún problema?'). Con estas frases, uno podrá intentar remediar cualquier situación incómoda en la que se pueda ver metido.

¿Cómo se siente la gente con ...?	人们觉得……怎么样? nǐ chüédə ... tsəňməyàng
el crimen	犯罪活动 fàntsuèi juódòng
la economía	经济 chīngchì
la educación	教育 chiàoyǜ
el medio ambiente	环境 juánchìng

El medio ambiente

Es muy probable que los chinos no muestren un interés excesivo por aspectos como el medio ambiente, pues a menudo se tienen que enfrentar a temas más acuciantes de ámbito local.

¿Es esto un bosque protegido?	这个是被保护森林吗? tshə` shì bèibǎojù də sə nlín ma
¿Es esto un parque protegido?	这个是被保护公园吗? shə` shì bèibǎojù də gōngyuán ma

¿Es esta una especie protegida?	这个是被保护物种吗？ tshə` shì bèibǎojù də ùtshǒng ma
¿Tienen aquí algún problema?	本地有……问题吗？ běndì yǒu … uə`ntí ma
¿Qué debería hacerse con ...?	……应该怎么处理？ … yīnggāi tsə̄nmə tshùli
la capa de ozono	臭氧层 tshòuyǎngtsəng
la contaminación	污染 ūrǎn
los programas de reciclaje	回收措施 juéishōu tsuòshə
el proyecto de la presa de las Tres Gargantas	三峡工程 gōngtshəng sānshiá

Ocio

FRASES ÚTILES

¿Qué hay esta noche?	今天晚上有什么活动?	chīntiēn uǎnshàng yǒu shəˋnmə juódòng
¿Dónde puedo encontrar clubes?	夜总会怎么找?	yètsǒngjuèi tsənmə tshǎo
¿Te gustaría ir a tomar un café?	你想去喝咖啡吗?	ní shiǎng chū jə kāfēi ma
¿A qué hora quedamos?	几点钟碰头?	chídiěntshōng pəˋngtóu
¿Dónde nos vemos?	在哪里碰头?	tsài nálǐ pəˋngtóu

Adónde ir

¿Qué se puede hacer por la noche?	晚上有什么好玩的吗? uǎnshang yǒu shənmə jǎouán də ma
¿Qué hay ...?	……有什么活动? ... yǒu shəˋnmə juódòng

localmente	这儿附近	tshəˋ fùchìn
este fin de semana	这个周末	chàygər chōmòr
hoy	今天	chīntiēn
esta noche	今天晚上	chīntiēn uǎnshàng

¿Dónde puedo encontrar ...?	……怎么找？ ... tsǎnmə tshǎo	
clubes	夜总会	yètsǒngjuèi
locales de ambiente gay	同志吧	tóngtshə̀ bà
sitios para comer	吃饭的地方	tshə fàn də dìfāng
pubs	酒吧	chiǒubā

¿Hay una guía del ocio local?	有没有本地的娱乐指南？ yǒuméiyǒu bǎn yǔlə tshǎnán
¿Hay una guía local de cine?	有没有本地的电影指南？ yǒuméiyǒu bǎn diènyǐng tshǎnán
¿Hay una guía local de música?	有没有本地的音乐指南？ yǒuméiyǒu bǎn ... tshǎnán
Me apetece ir a un/una ...	我想到……去。 uǒshiǎng dào yīnyüè chù

bar/*pub*	酒吧	chiǒubā
café	咖啡屋	kāfēiū
club nocturno	夜总会	yètsǒngjuèi
fiesta	聚会	pāti
restaurante	饭馆	fànguǎn

RELACIONARSE

OCIO

| Me apetece ir a ... | 我想去…… uóshiǎng dào ... chù ... |

escuchar un concierto	听音乐会	tīng yīnyuè huì
ver una película	看电影	kàn diànyǐng
ver un espectáculo	看演出	kàn yǎnchū
cantar en un karaoke	唱卡拉OK	chàng kālā ōkèi
la ópera de Pekín	看京剧	kàn jīngjù
ver acróbatas	看杂技	kàn zájì
ver *ballet*	看芭蕾	kàn bālěi

Para más información sobre bares y bebidas, véase **el arte de seducir**, en p. 140, y **comer fuera**, en p. 176.

Invitaciones

¿Qué vas a hacer ahora?	你现在做什么? ní shièntsài yǒu shə`ma
¿Qué vas a hacer este fin de semana?	你这个周末做什么? ní tshə` gə tshōumò yǒu shə`ma
¿Qué vas a hacer esta noche?	你今天晚上做什么? ní chīntien uǎnshàng yǒu shə`ma
¿Conoces un buen restaurante?	你知道哪里有好饭店? ní rə`nshə yígə jǎo fànguǎn ma
¿Quieres venir al concierto conmigo?	你想跟我去音乐会吗? ní shiǎng gə nuǒ chù yīnyuè juèi ma
Celebramos una fiesta/ damos un banquete.	我们要开聚会/宴会。 uǒmən yàokāi pāti/fànchú
Deberías venir.	你应该来。 ní yīnggāi lái
Yo pago las copas.	我请客。 tshə` juéi uǒlái chǐng

¿Te gustaría ir a …?	你想去……吗？
	ní shiǎng chù … ma
Me apetece ir a …	我想去……
	uó shiǎng chù …

un banquete	大吃大喝	dàtshə dàjə
tomar un café	喝咖啡	jə kāfēi
bailar	跳舞	tiàoǔ
tomar algo	喝酒	jə chiǒu
comer	吃饭	tshə fàn
dar una vuelta	外面玩儿	tshūchù uán
dar un paseo	散步	sànsan bù

Responder a invitaciones

¡Claro!	好！
	jǎo
Sí, me encantaría.	好，我愿意。
	jǎo uǒ yuànyì
Es muy amable por tu parte.	你太客气了。
	nǐ tài kə`chi lə.
¿Adónde vamos?	我们到哪儿去？
	uǒmən dàonǎ chù
No, me temo que no puedo.	不行，我不能来。
	bùshíng uǒ bùnə ng lái
Lo siento, no puedo cantar/bailar.	不好意思，我不会唱歌/跳舞。
	bùjǎo yìsə uǒ bújuèi tshànggə /tiàoǔ
¿Qué tal mañana?	明天行吗？
	míngtiēn shíng ma

RELACIONARSE OCIO

Organizar encuentros

P	¿A qué hora quedamos?	几点钟碰头？ chídiǎnzhōng pà ngtóu
R	Vamos a quedar a las (ocho) en punto.	我们在(八)点钟见面。 uǒmən tsài (bā)diěn tshōng chiènmièn
P	¿Dónde nos vemos?	在哪里碰头？ tsài nálǐ pà ngtóu
R	Vamos a quedar en (la entrada).	我们在(门口)见面。 uǒmən tsài mənkǒu chiènmièn
	Te paso a buscar.	我来接你。 uǒ lái chiē nǐ
P	¿Estás listo?	准备好了吗？ tshuənbèi jǎo lə ma
R	Estoy listo.	准备好了。 tshuənbèi jǎo lə
R	Iré más tarde.	我要晚一点来。 uǒ yào uǎnyīdiěn lái
	¿Dónde estarás?	我在哪里找你？ uǒ dào nálǐ tsháo nǐ
	Si no estoy allí a las (nueve), no me esperes.	如果到了(九)点钟我还没来，就不要等我。 rúguǒ dàolə (chióu)diěn tshōng jáiméi lái chiòu búyào dənguǒ.
	Te veo entonces.	不见不散。 búchièn búsàn
	Te veo más tarde.	回头见。 dǎijuěi chièn
	Te veo mañana.	明天见。 míngtiēn

SOBRE LA CULTURA

El ritmo de la calle

En las abarrotadas ciudades chinas, gran parte de la vida, sobre todo en verano, se desarrolla en la calle, en los preciados espacios abiertos y en los parques. Entretenimientos habituales pueden ser volar cometas (fàng·fəng·tshəng 放风筝) o jugar al billar (dǎ·tái·chióu 打台球). En los meses más calurosos, la gente joven disfruta bailando *rock* al aire libre (bəng·dí 蹦迪), mientras que los más mayores se reúnen a bailar en las salas de baile (tiào chiāo·yí ǔ 跳交谊舞).

Me apetece mucho.	我期待它的到来。 uǒ chídài tādə dàolái
Lo siento, llego tarde.	不好意思，来晚了。 bùjǎo yìsī láiuǎn lə
No importa.	没事。 méishə.

Drogas

No consumo drogas.	我不吸毒。 uǒ bùtshə dú
A veces tomo ...	我偶尔吃…… uǒ óǎr tshə ...
¿Quieres fumar un cigarrillo?	想抽一点吗？ shiǎng tshōuyīdiěn ma
¿Tienes fuego?	有火吗？ yóu juǒ ma

RELACIONARSE · OCIO

El arte de seducir

FRASES ÚTILES

¿Te apetece que hagamos algo (mañana)?	(明天)想出去玩吗?	(míngtiēn) shiǎng tshūchǔ uán2 ma
Te quiero.	我爱你。	uǒ ài nǐ
¡Déjame en paz!	别烦我!	bié fán uǒ

Salir con alguien

P ¿Adónde te apetece ir (esta noche)?	(今天晚上)想去哪里玩?	(chīntiēn uǎnshàng) shiǎng dàonǎlí uán
P ¿Te apetece que hagamos algo (mañana)?	(明天)想出去玩吗?	(míngtiēn) shiǎng tshūchǔ uán2 ma
R Sí, me encantaría.	好啊,很想去。	jǎoa jə n shiǎngchǔ
R Estoy ocupado.	对不起,我有事。	duèibūchǐ uóyǒushə

Preliminares

¿Te apetece tomar algo?	你想喝点什么?	chíngnǐ jə diěn shənmə ma
Te pareces a un primo mío.	你长得像我的表妹。	ní tshǎngdə shiàng uǒdə biǎo mèi
Bailas muy bien.	你跳得真好。	nǐ tiàodə tshə njǎo

¿Puedo estar contigo toda la vida?	我能陪你一起到老吗？ uǒ nəng péinǐ ma yìchǐ dàolǎo
¿Puedo bailar contigo?	我能跟你跳个舞吗？ uǒ nəng péinǐ tiàogəǔ ma
¿Puedo sentarme aquí?	我能坐这儿吗？ uǒ nəng péinǐ tsuò yǐjuěi ma

Negativas

Estoy con mi novio/a.	我同男朋友/女朋友一起来的。 uǒ jə uǒdə nánpəngyǒu/nǔpəngyǒu yīchǐ lái də.
Perdona, me tengo que ir ahora.	对不起，我要走了。 duèibuchǐ uó děi tsǒu lə
No, no quiero.	我不想。 uǒ bù shiǎng
No, gracias.	不行，谢谢。 bù shièshie
¡Vete a molestar a otro sitio!	到一边玩去！ dào chībiān uán qù
¡Déjame en paz!	别烦我！ bié fán uǒ

Acercamiento

Me gustas mucho.	我很喜欢你。 Wǒ hěn xǐhuān nǐ.
Eres genial.	你真棒。 nǐ tshən bàng
¡Besémonos!	咱们亲一下！ chīnyíshià

RELACIONARSE

EL ARTE DE SEDUCIR

SOBRE LA CULTURA
Lenguaje corporal

Puesto que el el lenguaje corporal puede cambiar mucho de unos lugares a otros, es aconsejable tener cuidado de no hacer gestos inadecuados ni transmitir mensajes poco apropiados. En China se piensa que apretar la mano al saludar es cosa de extranjeros, pues los chinos se dan la mano con suavidad, con un toque ligero. Mirar fijamente a los ojos de alguien mientras se le habla es otro hábito que puede molestar a los chinos, pues no se suele mirar a los ojos de con quien se está hablando. Cuando alguien se dirige al viajero, sí es correcto mirarle.

No hay que sorprenderse al ver a la gente tocándose la nariz como si les picase, pues la nariz, y no el corazón, es el centro simbólico del ser. No se debe besar a nadie como forma de saludo a menos que se le quiera asustar o excitar. El beso a modo de saludo no está aceptado socialmente, sino que lo habitual es inclinar ligeramente el cuerpo, estrechar las manos o bien sonreír.

¿Quieres entrar un rato?	想进来坐坐吗？	shiǎng chìnlái tsuòtsuo ma
¿Quieres un masaje?	你想按摩吗？	ní shǐjuān bèi ànmó ma

Sexo

¿Tienes un (condón)?	你带(避孕套)了吗？	nǐ dàilə (bìyuə`ntào) ma
Quiero que usemos un (condón).	咱们用(避孕套)吧。	uǒmən yòng (bìyuə`ntào) ba
No lo voy a hacer sin protección.	没有防备,我不玩。	méiyǒu fángbèi bùshíng
¡Dame un beso!	亲我！	chīnchin
Te deseo.	我要你。	uǒ yào nǐ

Quiero hacer el amor contigo.	我想跟你做爱。 uóshiǎng gə nnǐ tsuòài
Es mi primera vez.	这是我的第一次。 tshə` shə` uǒdə dìyītsə
¿Quieres que nos acostemos juntos?	咱们上床，好吗？ uǒmən shàngtshuán jǎo ma
Tócame aquí.	摸我这儿。 mō uǒ tshə` r
P **¿Te gusta esto?**	喜欢这样吗？ ní shǐjuan tshə` yang ma
R **(No) me gusta eso.**	我(不)喜欢这样。 uǒ (bù) shǐjuan tshə` yàng
Creo que deberíamos parar ahora.	我想我们现在该结束了。 chiéshù ba
¡Oh, sí!	真是！ ò chiòu shə` tshə yàng
¡Eso está fenomenal!	真棒！ tshə nbàng
¡Despacio!	慢点来！ màndiēn lái
Ha sido alucinante.	刚才真不可思议。 gāngtsái tshən bùkě` sə yì
Ha sido raro.	刚才真有点奇怪。 gāngtsái tshə yóudiēn chíguài
Ha sido salvaje.	刚才真疯狂。 yóudiēn chíguài gòuchìn
¿Puedo llamarte?	我可以给你打电话吗？ uǒ kə yǐ ma géi nǐ dǎdièn juà
¿Puedo verte?	我可以见你吗？ uǒ kə yǐ chiènnǐ ma
¿Puedo quedarme?	我可以在这儿过夜吗？ uǒ kə yǐ tsài tshə` r guòyə ma

SOBRE EL IDIOMA

El camarada de antaño

Tras la revolución comunista, el término 'camarada' (tóngtshə˙ 同志) se aprobó oficialmente para dirigirse tanto a hombres como a mujeres. En la actualidad esta palabra no solo ha dejado de utilizarse como forma de tratamiento habitual, sino que ahora se emplea en argot con el sentido de 'gay.'

En realidad se trata de una especie de juego de palabras, ya que 'camarada' en chino significa literalmente 'del mismo modo de pensar'. En los círculos revolucionarios esto hacía referencia a una determinada visión de la sociedad, y ahora se refiere a una particular visión de la sexualidad El término tóngtshə˙ que la comunidad gay emplea para autodenominarse se puede interpretar como un término subversivo y un reto a la denominación oficial de 'homosexual' (tóngshìng lièn 同性恋, lit.: 'amor del mismo sexo').

Amor

Te quiero.	我爱你。 uǒ ài nǐ
Creo que estamos fenomenal juntos.	我觉得我们俩挺般配。 uǒ chüédə uǒmən liǎng tǐng jə shə˙ də
¿Saldrías conmigo?	你能跟我谈朋友吗? nǐ nəng gən uǒ tsuòpəngyou ma
¿Vivirías conmigo?	你能跟我住一起吗? nǐ nəng gən uǒ tshù ma
¿Te casarías conmigo?	你能跟我结婚吗? nǐ nəng gən uǒ chié juən ma

Creencias y cultura

FRASES ÚTILES

¿Cuál es tu religión?	你信什么教？	nǐ shìn shənmə chiào
Soy ...	我信……	uǒ shə` ...
Lo siento, va contra mis creencias.	不好意思，这是违背我的信仰的。	bùjǎo yìsə tshə uéibèi uǒdə shìnyǎng

Religión

P ¿Tienes alguna creencia?
你信教吗？
nǐ shìnchiào ma

P ¿Cuál es tu religión?
你信什么教？
nǐ shìn shənmə chiào

R Soy ...
我信……
uǒ shə` ... ...

agnóstico	不可知论	shən.mə yě bú shìn
ateo	无神论	úshə nluə`n
budista	佛教	fóchiào tú
católico	天主教	tiēntshǔchào tú
cristiano	基督教	chīdúchiào tú
hindú	印度教	yìndūchiào tú
judío	犹太教	yóutàichiào tú
musulmán	伊斯兰教	yīsə lánchiào tú

(No) creo en (el/la) ...	我(不)信……
	uǒ (bú) shìn ...

astrología	星象	shīngshiàng
confucianismo	儒教	rúchiào
daoismo	道教	dàochiào
destino	命运	mìngyǔn
feng shui	风水	fəngshuěi
Dios	上帝	shàngdì

¿Puedo asistir a una misa aquí?	我能在这里做礼拜吗？ uǒ nəng tsài tshə`li tsānchiā lǐbài ma
¿Dónde puedo rezar?	我在哪里可以祈祷？ uǒ kə yi tsài náli chídǎo
¿Dónde puedo meditar?	我在哪里可以静坐？ uǒ kə yi tsài náli chìngtsuò

Diferencias culturales

¿Esta costumbre es local o nacional?	这是地方风俗吗？ tshə`shə`difang fəngsú ma
No quiero ofenderte.	我不想得罪你们。 uǒ bù shiǎng màofàn nǐmən
No estoy acostumbrado a esto.	我没有这个习惯。 uǒ méiyǒu tshə`gə shíguàn
Prefiero no participar.	我最好不参加。 uǒ tsuèijǎo bu tsānchiā
Lo probaré.	我可以试试。 uǒ kə yǐ shə`shə
No pretendía hacer nada malo.	我不想做错什么。

> **SOBRE LA CULTURA**
>
> ### No precipitarse
>
> Tanto si uno si uno está haciendo negocios como si tan solo está intentando conseguir un pequeño descuento en la compra de un retrato de Mao, hay una serie de cosas que conviene tener en cuenta para que todo vaya como la seda.
>
> En la cultura china, al igual que en otras, el concepto del honor (mièn·tsə 面子) es muy importante. Este consiste fundamentalmente en evitar quedar como un tonto o tener que echarse atrás delante de otros. Los acuerdos negociados que aportan beneficio a ambas partes son preferibles a los enfrentamientos.
>
> Los chinos no suelen hacer muchos gestos con la cara ni con las manos, de modo que la gesticulación de los occidentales les puede parecer indecorosa e incluso cómica. Una sonrisa no siempre significa felicidad, pues los chinos pueden sonreír también cuando sienten vergüenza o están preocupados.
>
> Para saber más sobre lenguaje corporal, véase **el arte de seducir,** en p. 142.

Lo siento, va contra mis creencias.	不好意思，这是违背我的信仰的。 bùjǎo yìsə tshə uéibèi uǒdə shìnyǎng
Lo siento, va contra mi religión.	不好意思，这是违背我的宗教的。 bùjǎo yìsə tshə uéibèi uǒdə tsōngchiào
Esto es diferente.	这有点与众不同。 tshə`yóudiěn yǔtshòng
Esto es divertido.	这有点好玩。 tshə`yóudiěn jǎouán
Esto es interesante.	这有点意思。 tshə`yóudiěn yìsə

RELACIONARSE · CREENCIAS Y CULTURA

Deporte

FRASES ÚTILES

¿Qué deporte practicas?	你喜欢玩什么体育项目？	nǐ shǐjuan uán shěnmə tǐyǔ
¿De qué equipo eres?	你最喜欢的球队是谁？	nǐ tshə tshə nǎgə duèi
¿Cuál es el resultado?	几比几？	Jǐbǐjǐ?

Intereses deportivos

En mandarían se puede 'practicar' cualquier deporte utilizando el verbo uán 玩, aunque tiene la connotación de que uno practica ese deporte de una manera poco seria. Para expresar este tipo de dedicación poco profesional se pueden utilizar las dos frases siguientes:

P ¿Qué deporte practicas?	你喜欢玩什么体育项目？ ní shǐjuan uán shěnmə tǐyǔ
R Yo juego/practico ...	我喜欢玩…… uó shǐjuan uán ...

Para expresar que uno practica realmente un deporte hay que utilizar el verbo 'golpear' (dǎ 打) o 'chutar' (tī 踢). Si se es muy forofo de un deporte, se usa el verbo 'seguir' (kàn 看).

Yo juego/practico fútbol.	我喜欢踢(足球)。 uó shǐjua ti tsúchióu.
Me gusta ver (el rugby).	我喜欢看(英式橄榄球)。 uó shǐjuan kàn (yīngshə` gǎnlánchióu).

149

Yo juego/practico ...	我喜欢打……
	uó shǐjua ti ...

Me gusta ver el ...	我喜欢看……
	uó shǐjuan kàn ...

bádminton	羽毛球	yǔmáochióu
baloncesto	篮球	lánchióu
balonmano	手球	shǒuchióu
hockey	曲棍球	chǔguə`nchióu
ping-pong	乒乓球	pīngpāngchióu
tenis	网球	uǎngchióu
vóleibol (de playa)	(沙滩)排球	(shātān) páichióu
water polo	水球	shuěichióu

El verbo 'practicar' (gǎo 搞) se puede utilizar cuando uno no está seguro de si necesita golpear, chutar o entrenar duramente, como es el caso del ciclismo o atletismo.

Yo juego/practico ...	我喜欢搞……
	uó shǐjuan gǎo ...

Me gusta ver el/la ...	我喜欢看……
	uó shǐjuan kàn ...

tiro al arco	射箭	shə`chièn
esgrima	剑术	chiènshù
carreras de larga distancia	长跑	tshángpǎo
remo	划船	juátshuán
vela	帆船	fántshuán
submarinismo	潜水	chiènshuěi
caza	射击	shə`chí
natación	游泳	yóuyǒng
atletismo	田径	tiénchìng
halterofilia	举重	chǔshòng

RELACIONARSE DEPORTE

150

Algunos deportes (como la gimnasia o las artes marciales) no se identifican por los golpes o las patadas, sino por el entrenamiento repetitivo liàn 练 y riguroso que requieren del profesional.

Yo juego/practico ...	我喜欢练……	uó shǐjuan lièn...
Me gusta ver el/la ...	我喜欢看……	uó shǐjuan kàn ...

gimnasia	体操	tǐtsāo
yudo	柔道	róudào
kárate	空手道	kōngshǒudào
artes marciales	武术	ǔshù
taekwondo	跆拳道	táichüéndào
taichí	太极拳	tàichíchüén

Yo monto en bicicleta.	我喜欢骑自行车。	uó shǐjuan chí tsə` shíngtshə
Yo corro.	我喜欢跑步。	uó shǐjuan pǎobù
Yo paseo.	我喜欢散步。	uó shǐjuan sànsanbù
¿Quién es tu deportista favorito?	你最喜欢的球星是谁？	ní tsuèi shǐjuan də chióushīng shə` shéi
¿Cuál es tu equipo favorito?	你最喜欢的球队是谁？	ní tsuèi shǐjuan də chióuduèi shə` shéi
P ¿Te gusta (el *ping-pong*)?	你喜欢打(乒乓球)吗？	ní shǐjuan dǎ (pīngpāngchióu) ma
R Sí, mucho.	很喜欢。	jən shǐjuan

R No.	不太喜欢。 bútài shǐjuan	
R Me gusta verlo.	我喜欢看。 uó shǐjuan kàn	
P ¿Cuál es el resultado?	几比几? chíbíchí	
R empate/iguales	打平 dǎ píng	
R cero	零 líng	
R punto de juego	赛点 sàidiěn	

Ir a un partido

¿Te gustaría ir a un partido?	你想跟我去看球赛吗? ní shiǎng gə nuǒchù kàn chióusài ma
¿De qué equipo eres?	你支持哪个队? ní tshə tshə nǎgə duèi
¿Quién está jugando?	谁在打? shéi tsài dǎ
¿Quién está ganando?	谁占上风? shéi tshànshàngfəng

🔊 SE OIRÁ

进门!	chìnmən	¡Menudo gol!
好球!	jǎochióu	¡Qué golpe!
踢得好!	tīdə jǎo	¡Buena patada!
传得好!	tshuándə jǎo	¡Buen pase!
真精彩!	yǎndə tshən chīngtsǎi	¡Excelente espectáculo!

RELACIONARSE · DEPORTE

¡Vamos! ¡Ánimo!	加油！ chiāyóu	
¡Ha sido un partido malo!	比赛打得真差劲！ bǐsài dǎdə tshən tshāchìn	
¡Ha sido un partido fenomenal!	比赛打得真精彩！ bǐsài dǎdə tshənchīngtsǎi	

Practicar deporte

P ¿Quieres jugar?	你想玩吗？ ní shiǎng uán ma	
R Estoy lesionado.	我受伤了。 uǒ shòushāng lə	
P ¿Puedo jugar?	我可以跟你们一起玩吗？ uǒ kə yǐ gə n nǐmən yìchǐ uán ma	
R Sí (eso estaría bien).	好。 jǎo	
Ganas/Gano un punto.	你/我得分。 nǐ/uǒ də fən	
¡Tira/Pasámela!	踢/传给我！ tshuán géi uǒ	
Eres un buen jugador.	你打得很好。 nǐ dǎdə jə njǎo	
Gracias por el partido.	多谢你，我打得很开心。 duōshiè nǐ uó dǎ də jən kāishīn	
¿Solo admiten a los socios?	只对会员开放吗？ tshǎ duèi juèiyuán kāifàng ma	
¿Hay sesión para mujeres?	有女子班吗？ yóu nǔtsə bān ma	
¿Dónde están los vestuarios?	更衣室在哪儿？ gə ngyīshǐ tsài nǎ	

153

¿Dónde está el ... más cercano? 最近的……在哪里?
fùchìn nálǐ yǒu ...

campo de golf	高尔夫球场	gāoəˇrfū chióutshǎng
gimnasio	健美中心	chiènshə nfáng
piscina	游泳池	yóuyǒng.tshə
campo de tenis	网球场	uǎngchióu tshǎng

¿Cuánto cuesta por ...? 每……要花多少钱?
měi ... yàojuǎ duōshǎo chién

día	天	tiēn
partido	场	tshǎng
hora	小时	shiǎoshə
una vez	次	tsə

RELACIONARSE — DEPORTE

真精彩!
tsə chīngtsǎi
¡Qué espectáculo!

| ¿Puedo alquilar un/una ...? | 我可以租一……吗? |
| | uŏ kə yĭ tsūyīgə... ma |

balón	个球	chióu
bicicleta	辆自行车	tsə` shíngtshə
sesión	个场地	tshăng
raqueta	副拍子	uăngchióu pāi

'Ping-pong'

Me gustaría jugar al *ping-pong*.	我想打乒乓球。 uóshiáng dă pīngpāng chióu
¿Sabes dónde hay una mesa de *ping-pong*?	哪里有乒乓球桌? náli yŏu pīngpāng chióutshuō
¿Puedo reservar una mesa?	我可以预订一个乒乓球桌吗? uŏ kə yĭ yŭdìng yīgə pīngpāng chióutshuō ma
paleta	拍子 pāitsə
net	网 uăng
saque	发球 fāchióu
mesa	球桌 chióutshuō
pelota de *ping-pong*	乒乓球 pīngpāng chóiu

SOBRE LA CULTURA

Las artes marciales

Los distintos estilos de artes marciales se conocen conjuntamente como ǔshù 武术. Cada estilo incorpora su propio espíritu y filosofía, inspirados en el confucianismo, taoísmo, budismo y el zen. Los que viajen a China podrán ver algunos de los estilos siguientes:

Bagua Zhang   八卦掌   bāguà tshǎng
(Boxeo de los ocho trigramas)

Este estilo de arte marcial, en el que los profesionales dan vueltas pegando patadas y dando golpes con las palmas, se caracteriza por las habilidades de subterfugio, evasión, rapidez e imprevisibilidad.

Boxeo Shaolin   少林拳   shàolín chüén

Surgió en el monasterio de Shaolin y aún se practica en la actualidad. Se inspira en las creencias zen y budistas y sus formas se basan en cinco animales: dragón, serpiente, tigre, leopardo y grulla.

Taijiquan   太极拳   tàichíchüén

En Occidente se conoce como taichí. Este arte milenario basado en las creencias taoístas promueve la flexibilidad, la circulación, la fuerza, el equilibrio, la meditación y la relajación. Tradicionalmente se ha practicado como una forma de defensa personal sin el uso de la fuerza.

Xingyi Quan   形意拳   shíngyì chüén
(Boxeo de imitación)

Este arte marcial, que, a menudo se menciona a la vez que el *taijiquan*, es más dinámico y potente. Los movimientos se practican en un estado de relajación, aunque de forma rápida y directa. Es quizá la forma de arte marcial más antigua que aún se practica en China.

Al aire libre

FRASES ÚTILES

¿Dónde puedo comprar provisiones?	在哪里能买到预备品？	tsài náli nəng mǎidào yùbèipǐn
¿Necesitamos un guía?	需要向导吗？	uǒmən shǔyào shiàngdǎo ma
¿Es seguro?	安全吗？	ānchüén ma
Estoy perdido.	我迷路了。	uǒ mílù lə
¿Qué tiempo hace?	天气怎么样？	tiēnchi tsǎnməyàng

Excursionismo

¿Dónde puedo comprar provisiones?	在哪里能买到预备品？ tsài náli nəng mǎidào yùbèipǐn
¿Dónde puedo encontrar a alguien que conozca esta zona?	在哪里能找路熟的人？ tsài náli nəng tshǎo lùshóu də rən
¿Dónde puedo comprar un mapa?	在哪里能买地图？ tsài náli nəng
¿Necesitamos llevar una manta?	需要带上被褥吗？ shǔyào dài bèiru ma
¿Necesitamos llevar comida?	需要带上食品吗？ shǔyào dài shə pǐn ma
¿Necesitamos llevar agua (potable)/ agua mineral?	需要带上饮用水吗？ shǔyào dài yǐnyòngshuěi/ kuàng.chüén.shuěi ma
¿A cuánto se asciende?	山有多高？ shān yǒu duō gāo

157

¿Cuánto se tarda en hacer el camino?	步行有多远？ bùshíng yǒu duō yuǎn
¿Necesitamos un guía?	需要向导吗？ uǒmən shǔyào shiàngdǎo ma
¿Hay excursiones guiadas?	有徒步旅行团吗？ yǒu shiàngdǎo bùshíng tuán ma
¿Es seguro?	安全吗？ ānchuén ma
¿El camino es fácil de encontrar?	路好找吗？ lù jáotsháo ma
¿El camino es abierto?	路开通了吗？ lù tōng ma
¿El camino es pintoresco?	路边风景好吗？ lù biēn fə ngchíng jǎo ma
¿Cuál es el camino más fácil?	哪条路最容易？ nǎtiáo lù tsuèi róngyì
¿Cuál es el camino más interesante?	哪条路最有意思？ nǎtiáo lù tsuèi yǒu yìsə
¿Cuál es el camino más corto?	哪条路最短？ nǎtiáo tsuèi duǎn
¿Hay algún sitio para pasar la noche?	有地方住吗？ yǒu dìfang tshù ma
¿A qué hora oscurece?	天什么时候变黑？ tiēn shənmə shíjòu jēi
¿Dónde está el pueblo más cercano?	最近的村子在哪里？ fùchìn yǒu tsuə ntsə ma
¿De dónde habéis venido?	你从哪边过来的？ nǐ shə` tsóng nǎbiēn guòlái də
¿Cuánto habéis tardado?	走了有多久？ tsǒulə duōchiǒu
¿Este sendero lleva a ...?	这条路到……吗？ tshə` tiáolù dào ... ma

RELACIONARSE AL AIRE LIBRE

¿Puedo pasar por aquí?	我能从这里穿过吗? uŏ nəng tsóng tshə` li tshuānguò ma
¿El agua es potable?	这水能喝吗? tshə` li də shuěi nə ngjə ma
Estoy perdido.	我迷路了。 uŏ mílù lə

En la playa

¿Dónde está la mejor playa?	最好的海滩在哪里? tsuèijăo də shātān tsəˇnmə tsŏu
¿Dónde está la playa más cercana?	最近的海滩在哪里? tsuèichìn də shātān tsəˇnmə tsŏu
¿Dónde está la playa pública?	公共的海滩在哪里? gōnglì də shātān tsəˇnmə tsŏu
¿Es seguro nadar aquí?	这里游泳安全吗? tshə` li yóuyŏng ānchüén ma
¿A qué hora hay marea alta/baja?	涨/退潮是几点钟? tshàng tsháo/tuèi tsháo shì chídiěntshōng
¿Hay que comprar entrada?	要买票吗? yào măipiào ma

El tiempo

ᴾ ¿Qué tiempo hace?	天气怎么样? tiēnchi tsəˇnməyàng
ᴾ ¿Cómo estará el tiempo mañana?	明天天气会怎么样? míngtien tiēnchi juèi tsəˇnməyàng

| R Hoy está/hace ... | 天气…… | tiēnchi ... |

nublado	多云	yǒuyún duōyún
frío	冷	jə n.lə̌ng
bien	晴	chíng.tiēn
helando	很冷	jə nlə̌ng
calor	热	jə̌n.rə
lloviendo	下雨	shiàyû
nevando	下雪	shiàshüě
soleado	晴朗	jə̌nshài
templado	暖和	jən nuǎnjuo
viento	刮风	guāfəng

¿Dónde puedo comprar un chubasquero?	在哪里能买到雨衣？	tsài náli nəng mǎidào yûyī
¿Dónde puedo comprar un paraguas?	在哪里能买到雨伞？	tsài náli nəng mǎidào yûsǎn
temporada seca	旱季	jànchì
temporada de monzones	季风季节	táifə ng chì
temporada de lluvias	雨季	yûchì

RELACIONARSE AL AIRE LIBRE

Flora y fauna

| ¿Qué es ese/esa ...? | 那个……是什么？ | nàgə ... shə` shənmə |

animal	动物	dòngù
flor	花	juā
planta	植物	tshə ù
árbol	树	shù

SE OIRÁ

大熊猫	dà shióng māo	panda gigante
荷花	jə juā	lotus
牡丹花	mǔdān juā	peonía
丹顶鹤	dānlǐng jə	grulla corona roja
小熊猫	shiǎo shióngmāo	panda rojo
东北虎	dōngběi jǔ	tigre siberiano

¿Es/Está …?	是……的吗?
	shə` … də ma

común	常见	tshángchièn
peligroso	危险	uéishiěn
en peligro de extinción	濒危	línuéi
protegido	受保护	shòu bǎojù

¿Para qué se utiliza?	它用来做什么?
	tā yònglái tsuò shənmə

¿Se puede comer esta fruta?	果子能吃吗?
	nəngtshə tādə guŏtsə ma

Viajar seguro

URGENCIAS	162
POLICÍA	164
SALUD	166

Urgencias

FRASES ÚTILES

¡Socorro!	救命！	chiòumìng
Es una urgencia.	有急事。	yǒu chíshə
¿Dónde están los servicios?	厕所在哪儿？	tsə suǒ tsài nǎ

¡Socorro!	救命！ chiòumìng
¡Alto!	站住！ tshàntshu
¡Aléjese de aquí!	走开！ tsǒukāi
¡Al ladrón!	小偷！ shiǎotōu
¡Fuego!	着火啦！ tsóujuǒ la
¡Cuidado!	小心！ shiǎoshīn
Es una urgencia.	有急事。 yǒu chíshə
¡Llame a un médico!	请叫医生来！ tshǐng chiào yīshəng guòlái
¡Llame a una ambulancia!	请叫一辆急救车！ tshǐng chiào yīgə chiòujù tshə
Estoy enfermo.	我生病了。 uǒ shə ngbìng lə

SE BUSCARÁ

急诊科	chítshən kə	servicio de urgencias
医院	yīyüèn	hospital
警察	chǐngtshá	policía
派出所	pàitshūsuǒ	comisaría de policía

Mi amigo/hijo está enfermo.	我的朋友/孩子生病了。 uǒdə pəngyǒu/jáitsə shəngbìng lə
Él/Ella está teniendo un/una ...	他/她······ tā yǒu ...

reacción alérgica	过敏症发作	guòmǐn
ataque de asma	哮喘发病	shiàotshua3n
bebé	在生孩子	yīngər
ataque epiléptico	癫痫病发作	diēnshiénbìng fātsuò
ataque al corazón	心脏病发作	shīntshàng bìng fātsuò

Estoy perdido.	我迷路了。 uǒ mí lù lə
¿Me puede ayudar, por favor?	你能帮我吗? nǐ nəng bānguǒ ma
¿Puedo usar el teléfono?	我能借用你的电话吗? uǒ nəng chièyòng nǐdə diènjuà ma
¿Dónde están los servicios?	厕所在哪儿? tsə` suǒ tsài nǎ

VIAJAR SEGURO · URGENCIAS

Policía

FRASES ÚTILES

¿Dónde está la comisaría?	派出所在哪里?	náli yǒu pàitshūsuǒ
Quiero contactar con mi embajada/consulado.	我要联系我的大使馆/领事馆。	uǒ yào liénshə uǒdə dàshəgǔan/lǐngshəgǔan.
He perdido mis bolsas.	我的行李丢了。	uǒdə shíngli gěidiōu lə

La Policía de Seguridad Pública o policía de turistas (PSB) (gōngānchù 公安局) es la responsable de velar por las normas relativas a los extranjeros. Si uno tiene algún problema en un hotel, en un restaurante o con un taxista, puede acudir a ellos.

¿Dónde está la comisaría de policía?	派出所在哪里? náli yǒu pàitshūsuǒ
Por favor, llame al 110.	请打110。 chǐng chiào yāo líng
Quiero poner una denuncia.	我要报案。 uǒ yào bàoàn
Fue él/ella.	是他/她做的。 shə` tā tsuòdə
Me han (asaltado).	我被(侵犯)了。 uǒ bèi (chīnfàn) lə
Me han (robado).	我被(抢劫)了。 uǒ bèi (chiǎngchié) lə
Lo/la/le han (violado).	他/她被(强奸)了。 tā bèi ... lə

He perdido mi/s ...	我的……丢了。
	uŏdə ... gěidiōu lə

bolsas	行李	shíngli
joyas	首饰	shŏushə
dinero	钱	chién
papeles	文件	uénchièn
pasaporte	护照	jùtshào

¿De qué se me acusa?	我被指控犯了什么罪?
	uŏ bèitshə` fànlə shəmə tsuèi
Yo no he sido.	不是我做的。
	búshə uŏ tsuòdə.
Quiero contactar con mi embajada/consulado.	我要联系我的大使馆/领事馆。
	uŏ yào liénshə uŏdə dàshə gŭan/lĭngshə` gŭan
¿Tiene un abogado que hable inglés?	我想找一个会说英文的律师。
	uóshiăng gə n yīgə juèishuō yīnguén
Esta droga es para consumo personal.	这个药品是私用的。
	tshə` gə yàopĭn shə sə yòngdə
Tengo receta para esta sustancia.	这个药我有处方。
	tshə` gə yào uó yŏutshùfāng.

🔊 SE OIRÁ

你被指控犯了破坏秩序。	tā bèitshə` fàn4lə pòjuài tshə`shù A él/ella se le acusa de alteración del orden..
他/她被指控犯了随带禁物。	tā bèitshə`fàn4lə suéidài chìnu A él/ella se le acusa de posesión de sustancias ilegales.
他/她被指控犯了盗窃。	tā bèitshə` fàn4 dàochiè A él/ella se le acusa de robo.

Salud

FRASES ÚTILES

¿Dónde está el hospital más cercano?	最近的医院在哪儿？	tsuèichìndə yīyuàn tsài nǎ
Estoy enfermo.	我病了。	uǒ bìng lə
Necesito un doctor (que hable inglés/español).	我要看（会说英文的）医生。	uǒ yào kàn (juèishuō yīnguén/shibān yáuén də) yīshəng.
Estoy en tratamiento contra ...	我有……的处方药。	uó yǒu ... də tshùfāngyào
Soy alérgico a ...	我对……过敏。	uǒ duèi ...guòmǐn

Doctor

¿Dónde está el/la ... más cercano/a?　　最近的……在哪儿？
tsuèichìndə ... tsài nǎ

farmacia (de guardia)	（昼夜）药房	(zhòuyè) yàofáng
dentista	牙医	yákē
médico	医生	yīshəng
servicio de urgencias	急诊科	chítshə n kə
hospital	医院	yīyuàn
óptico	眼科	yǎnkə

Necesito un doctor (que hable inglés).　　我要看（会说英文的）医生。
uǒ yào kàn (juèishuō yīnguén /shibān yáuén də) yīshəng

🔊 SE OIRÁ

哪儿疼呢？	nǎtəng nə ¿Dónde le duele?
发烧吗？	fāshāo ma ¿Tiene fiebre?
这个情况持续了多久?	tshəgə chíngkuàng tshəshùlə duōchiǒu ¿Cuánto tiempo ha estado así?
以前有过这样的情况吗？	yǐchién yǒuguò tshà`yàng ma ¿Le ha ocurrido esto antes?
你喝酒吗？	nǐ juèi jə chiǒu ma ¿Bebe?
你抽烟吗？	nǐ juèi chōuyiēn ma ¿Fuma?
你吸毒吗？	nǐ tshə dúpǐn ma ¿Consume drogas?
你有过敏症吗？	nǐ yǒu guòmǐn ma? ¿Es alérgico a algo?
你有处方药吗？	nǐ yǒu tshùfāngyào ma? ¿Está en tratamiento?

VIAJAR SEGURO · SALUD

¿Puede verme una doctora?	最好要看一位女医生。 uǒ kə yi kàn yīuèi nǚyīshəng ma.
¿Puede venir aquí el médico?	医生能到这儿来吗？ yīshəng nəng dào tshə lái ma
¿Hay un número de urgencias permanente?	有晚上急诊电话号码吗？ yóu uǎnshang chítshəň diènjuà ma
Se me ha acabado la medicación.	我用完了我的处方药。 uǒdə tshùfāngyào yònguánlə
Esta es mi medicina habitual.	我平时服这个药。 uǒ píngshə tshə tshə`gə yào.

¿Cuál es la dosis correcta?	剂量是多少？ chìliàng shə̀ duōshao
No quiero un transfusión de sangre.	我不要输血。 uǒ búyào shūshüè
Por favor, utilice una jeringuilla nueva.	请用一个新针头。 chǐng yòngyigə shǐn tshēntóu
Me han vacunado contra ...	我打过……的免疫针。 uó dǎguò ... də miěnyì tshən.

hepatitis A/B/C	甲/乙/丙肝炎	chiá/yí/bǐng shíng
rabia	狂犬病	kuángchüènbìng
tetanos	破伤风	pòshāngfəng
fiebre tifoidea	伤寒	shāngján

Necesito unas nuevas lentes de contacto.	我要买新的隐形眼镜。 uǒ yàomǎi shīndə yǐnshíng yěnchìng
Necesito unas nuevas gafas.	我要买新的眼镜。 uǒ yàomǎi shīndə yǎnchìng
¿Me puede dar un recibo para mi seguro?	能给我保险发票吗? nəng géi uǒ də báoshiěn dānuèi kāi fāpiào ma

síntomas

Estoy enfermo.	我病了。 uǒ bìng lə
Mi amigo está enfermo.	我的朋友病了。 uǒdə pəngyǒu bìng lə
Mi hijo está enfermo.	我的孩子病了。 uǒdə jáitsə bìng lə
Me duele aquí.	这里痛。 uǒ tshà` li tòng
Estoy deshidratado.	我脱水了。 uǒ tuōshuěi lə.

🔊 SE OIRÁ

你需要住院。 nǐ shūyào tshùyüèn
Debería ingresar en un hospital.

你回国要做检查。 juéiguó shə yàotsuò chiěntshá
Cuando llegue a su país, debería ir al médico.

Me siento/tengo ...	我感到······ uó gǎndào ...	
mareado	头晕	tóujuəņ
calor y frío	忽冷忽热	yīļuéir lə̌ng yījuěir rə̀
nauseas	恶心	fǎnuèi
escalofríos	全身发抖	chüénshə n fādǒu

Me han herido.	我(受伤)了。 uǒ shòshāng lə
Él/Ella ha estado vomitando.	他/她(常呕吐)了。 tā ǒutù lə.
Estoy en tratamiento contra ...	我有······的处方药。 uó yǒu ... də tshùfāngyào.
Tengo ...	我有······ uó yǒu ...
He tenido recientemente ...	我最近有······ uǒ tsuèichìn yǒu ...

Salud de la mujer

(Creo que) estoy embarazada.	我(好像)怀孕了。 (uó jǎoshiàng) juáiyüə̀ n lə
Estoy tomando la píldora.	我用避孕药。 uǒ yòng bìyǔn yào

SE OIRÁ

你有性生活吗？	ní yǒu shìng guānshi ma ¿Mantiene relaciones sexuales?
你有过非安全性交吗？	ní yǒuguò fēiānchǔen shìngchiāo ma ¿Ha mantenido relaciones sexuales sin protección?
你用避孕措施吗？	nǐ yòng bìyùn tsuòshə ma ¿Está usando anticonceptivos?
你的月经还来吗？	Nǐde yuèjīng háilái ma? ¿Tiene la regla?
上次月经是什么时候？	shàngtsə lióushuě shə`shənme shə jòu ¿Cuándo tuvo la última regla?
你怀孕了吗？	nǐ juáiyùn lə ma ¿Está embarazada?
你怀孕了。	nǐ juáiyùn lə Está embarazada.

No me ha bajado la regla en (seis) semanas.	我(六)个星期没来月经了。 uǒ (liòu)gə shīngchə méi láiguò yüèching
Necesito anticonceptivos.	我要买避孕品。 uǒ yàomǎi bìyùn pǐn
Necesito la píldora del día después.	我要买事后避孕药。 uǒ yàomǎi shə`jòu bìyùn yào
Necesito una prueba de embarazo.	我要做一个怀孕测试。 yīgə yiènyuə`n tsə` yièn
He notado un bulto aquí.	我发现这儿长了一个疙瘩。 uǒ fāshiēn tshǎnglə yigə gə da

Alergias

Tengo una alergia en la piel.	我皮肤过敏。 uó pífu guòmǐn

Tengo alergia a ...	我对……过敏。
	uǒ duèi ... guòmǐn

los anti-inflamatorios	抗炎药	kàngyiényào
la codeína	可待因	kədàiyīn
la penicilina	青霉素	chīngméisù
los medicamentos a base de sulfatos	硫基药物	lióuchī yàoù

Tratamientos alternativos

Las hierbas medicinales (tshōngyào 中药) y la acupuntura (tshə nchiōu 针灸) son habituales en la medicina tradicional china.

No utilizo la medicina occidental.	我不吃(西药)。
	uǒ bùtshə (shi1yào)
¿Dónde puedo visitar a un médico de ...?	哪里能看……大夫？
	náli nəngkàn ... dàifu

acupuntura	针灸	tshə nchiōu
hierbas medicinales chinas	中药	tshōngyào
medicina china	中医	tshōngyī
masaje chino de meridianos	经络按摩	chīngluò ānmó

🔍 SE BUSCARÁ

| 不许吸烟 | chìn·tshə' shī·yān | Prohibido fumar |
| 不许吐痰 | chìn·tshə' tù·tán | Prohibido escupir |

Partes del cuerpo

Me duele el/la ...	我的……疼。 uǒdə ... təng
No puedo mover el/la ...	我的……不能动。 uǒdə ... bùnəng dòng
Tengo un calambre en ...	我的……抽筋了。 uǒdə ... tshōuchīn
Mi ... está hinchado/a.	我的……发肿了。 uǒdə ... tshǒng lə

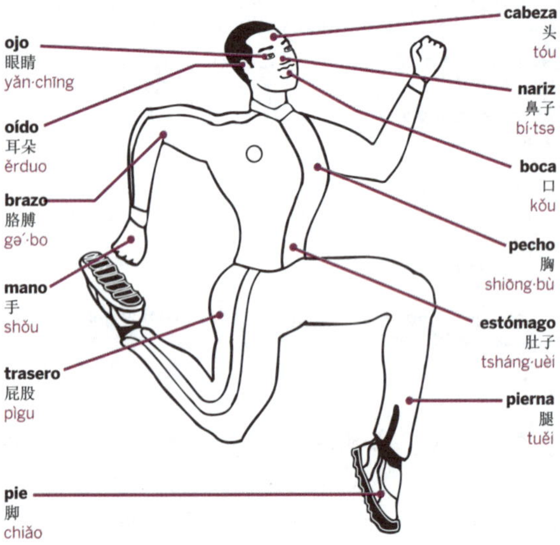

ojo
眼睛
yǎn·chīng

oído
耳朵
ěrduo

brazo
胳膊
gə'·bo

mano
手
shǒu

trasero
屁股
pìgu

pie
脚
chiǎo

cabeza
头
tóu

nariz
鼻子
bí·tsə

boca
口
kǒu

pecho
胸
shiōng·bù

estómago
肚子
tsháng·uèi

pierna
腿
tuěi

🔊 SE OIRÁ

必须用完。
bìshǔ yònguán
Debe completar el tratamiento.

以前吃过吗?
yǐchién chīguò ma
¿Ha tomado esto antes?

一天两次(与饭一起吃)。
měitiēn (tóngfán) tshə liǎngtsə
Dos veces al día (con comidas).

La farmacia

Necesito algo para ...	我要……的药。 uǒ yào ... də yào
¿Necesito una receta para ...?	……需要处方吗? ... shǔyào tshùfāng ma
Tengo una receta.	我有处方。 uó yǒu tshùfāng
Mi receta es ...	我的处方是…… uó də tshùfāng shǔ ...
¿Cuántas veces al día?	每天吃几次? měitiēn tshə chítsə
¿Me producirá somnolencia?	吃后犯困吗? tshə jòu fākuə`n ma

Dentista

Tengo dolor de muelas.	我有牙疼。 uó yǒu yátəng
Tengo un diente roto.	我有崩牙。 uó yǒu bə ngyá.
Tengo una caries.	我有牙洞。 uó yǒu yádòng

🔊 SE OIRÁ

张开口。	tshāngkāi kǒu	Abra bien.
咬一下。	yǎoyíshià	Muerda esto.
漱口!	shùkǒu	Enjuáguese.

Se me ha caído un empaste.	我的牙齿填充物掉了。 uǒ bə ngyá lə
Se me ha roto la dentadura postiza.	我的假牙坏了。 uǒdə chiǎyá juàilə
Me duelen las encías.	我齿龈好痛。 uǒ yáyín jǎotòng
Necesito anestesia.	我需要麻醉药。 uǒ shǔyào mátsuèi yào
Necesito un empaste.	我需要补牙。 uǒ shǔyào bǔyá

Comida

COMER FUERA	**176**
COMPRAR Y COCINAR	**192**
COMIDA VEGETARIANA Y DE DIETA	**196**

Comer fuera

FRASES ÚTILES

¿Me puede recomendar un restaurante?	你可以推荐一个饭馆吗？	nǐ kěyǐ tuīchiàn yīge fànguǎn ma?
Quería una mesa para (cinco).	我要一张（五个人的）桌子。	uǒ yào yītshāng (wǔge rén de) tshuōtsi.
Me gustaría un menú (en inglés).	我要(英文)菜单。	uǒ yào (yīnguén) càidān.
Me tomaré ...	我来一个(啤酒)。	uǒ lái yīge ...
¡La cuenta!	买单！	mǎidān!

Lo básico

En China se suele comer bastante temprano. El almuerzo es la comida principal del día y normalmente incluye una selección de platos a la plancha y arroz. La cena es bastante similar al almuerzo, aunque el arroz suele sustituirse por cerveza. Todas las comidas se sirven calientes, pues se dice que los alimentos calientes son mejores para hacer la digestión.

desayuno	早饭	zǎofàn
almuerzo	午饭	wǔfàn
cena	晚饭	wǎnfàn
aperitivo	小吃	xiǎochī

comer	吃	chī
beber	喝	jē
¡Qué hambre!	我饿坏了！	uǒ è juài le!

Encontrar un lugar para comer

¿Me puede recomendar un ...?	你可以推荐一个……吗？	nǐ kěyǐ tuīchiàn yīge ... ma?

bar	酒吧	chiǔbā
café	咖啡屋	kāfēiwū
puesto de fideos	面馆	miànguǎn
restaurante	饭馆	fànguǎn
tienda de tentempiés	小吃店	shiǎoshí diàn
puesto de (won ton)	(馄饨)摊	(júntun) tān
vendedor ambulante	街头小吃	chiētóu shiǎoshí
casa de té	茶馆	cháguǎn

¿Qué lugar recomendaría para ...?	……该到哪里去？	... gāi dàonǎli qù?

un banquete	办宴席	bàn yànshí
una celebración	举行庆祝会	jǔxíng qìngtshù juì
tomar una comida barata	吃得便宜一点的	chīde piányi yīdiǎn de
platos locales	地方小吃	dìfāng shiǎochī
'yum cha'	饮茶	yǐnchá

SE OIRÁ

关门了。	guānmén le.	Está cerrado.
客满了。	kè mǎn le.	Está lleno.
请等一下。	chǐng děng yīshià.	Un momento.
坐哪里?	tsuò nǎli?	¿Dónde le gustaría sentarse?

Me gustaría reservar una mesa para (dos) personas.	我想预订一张（两个）人的桌子。 uǒ shiǎng yùdìng yīshāng (liǎngge) rén de tshuōshi.
Me gustaría reservar una mesa para las (ocho).	我想预订一张（八）点钟的桌子。 uǒ shiǎng yùdìng yītshāng (bā) diǎn tshōng de tshuōshi.
¿Aún se puede comer?	你们还营业吗? nǐmen jái yíngyè ma?
¿Cuánto hay que esperar?	吃饭要等多久? chīfàn yàoděng duōchiǔ?

En el restaurante

La palabra china rènào 热闹 (lit: caliente y ruidoso, esto es, 'bullicioso') describe acertadamente el ambiente de los restaurantes autóctonos. Cuando la gente sale a comer, le gusta disfrutar de un ambiente movido. El estilo occidental de las parejas susurrando mientras toman una copa de buen vino a la luz de las velas no goza de adeptos.

¿Qué plato principal me recomienda?	有什么主菜可以推荐的? yǒu shénme tshǔcài kěyǐ tuīchiàn de?
¿Qué postre me recomienda?	有什么甜点可以推荐的? yǒu shénme tiándiǎn kěyǐ tuīshiàn de?
¿Qué bebida me recomienda?	有什么饮料可以推荐的? yǒu shénme yǐnliào kěyǐ tuīshiàn de?

¿Qué lleva el plato?	这道菜用什么东西做的?	tshèdào cài yòng shénme dōngshi tsuòde?
Me tomaré eso.	来一个吧。	lái yīge ba.
Me gustaría ..., por favor.	我要……	uǒ yào ...

la carta de bebidas	酒水单	chiǔshuǐ dān
media ración	半份	bànfèn
un menú en inglés	英文菜单	yīnguén càidān
mesa de no fumadores	不吸烟的桌子	bùshīyān de tshuōtsi
mesa de fumadores	吸烟的桌子	chīyān de tshuōtsi
mesa para (cinco)	一张(五个人的)桌子	yītshāng (wǔge rén de) tshuōtsi

✂ Para dos, por favor.	两个人,谢谢。	liǎngge rén, shièshie.
¿Puedo ver el menú, por favor?	能不能给我看一下菜单?	néng bù néng gěiuǒ kàngyīshià càidān?
✂ El menú, por favor.	菜单,谢谢。	càidān, shièshie.
¿Es autoservicio?	这里是自助的吗?	tshèlǐ shì tsìtshù de ma?
¿Es gratuito?	这是赠送的吗?	tshè shì tsèngsòng de ma?
Me gustaría tomar la sopa de fideos con buey.	我想吃牛肉面。	uǒ chiǎng chī niúròu miàn.
Me gustaría tomar una especialidad local.	我想吃一个地方特色菜。	uǒ chiǎng chī yīge dìfang tèsè cài.
Me gustaría tomar una comida digna de un rey.	我想吃山珍海味。	uǒ chiǎng chī shāntshēn jǎiuèi.

COMIDA · COMER FUERA

SE OIRÁ

想点什么？	shiǎng diǎn shénme?	¿Qué le puedo traer?
你喜欢……吗？	nǐ shǐjuǎn ... ma?	¿Le gusta ...?
我建议……	uǒ shiànyì ...	Le sugiero el ...
上菜了！	shàng cài le!	¡Aquí tiene!

En la mesa

Por favor, tráigame un/a ...　　请拿一……来。
chǐng ná yī ... lái.

trapo	块抹布	kuài mābù
vaso	个杯子	ge bēitsi
cuchillo y tenedor	副刀叉	fù dāochā
servilleta	块餐巾	kuài cānchīn
copa de vino	个葡萄酒杯	ge pútáo yiǔbēi

Me gusta con ...　　多放一点……
duōfàng yīdiǎn ...

Me gusta sin ...　　不要放……
bùyàofàng ...

salsa de chile	辣椒	làyiāo
ajo	大蒜	dàsuàn
nueces	果仁	guǒrén
aceite	油	yóu
glutamato	味精	uèijīng

Para frases sobre alergias y opciones alimentarias, véase **comida vegetariana y de dieta**, p. 196.

En el restaurante

¿Puedo ver el menú, por favor?
能不能给我看一下菜单?
néng bù néng gěiuǒ kàngyīshià càidān?

¿Qué ... me recomienda probar?
有什么……可以推荐的?
yǒu shénme ... kěyǐ tuīyiàn de?

plato principal
主菜
tshǔcài

postre
甜点
tiándiǎn

bebidas
饮料
yǐnliào

¿Puede traerme ..., por favor?
请拿些……来。
chǐng ná shiē ... lái.

La cuenta, por favor.
请给我账单。
chǐng gěiuǒ tshàngdān.

(No) Lo quiero ...	我(不)要……的。	uǒ (bù)yào ... de.
a la barbacoa	烧烤	shāokǎo
cocido	煮	tshǔ
estofado	煎	shhiān
frito	油炸	yóutshá
a la parrilla	铁板烤	tiěbǎn kǎo
en su punto	半生半熟	bànshēng bànshú
poco hecho	半生	bànshēng
recalentado	重热	chóngrè
asado	烤	kǎo
al vapor	蒸	tshēng
sofrito	炒	chǎo
bien hecho	熟	shú

¿Tiene ...?	有没有……?	yǒuméiyǒu ...?
salsa de chile	辣椒酱	làchiāo chiàng
salsa	蘸酱	tshàngchiàng
ajo	大蒜	dàsuàn
salsa de soja	酱油	chiàngyóu
vinagre	醋	cù

Para otros alimentos, véase **glosario gastronómico,** en p. 199.

Halagos y quejas

Me encanta este plato.	这道菜真香。 tshè dào cài tshēnchiāng.
Me encanta la cocina local.	这个地方的菜真好吃。 tshège dìfāng de cài tshēn jǎochī.

¡Estaba delicioso!	真好吃！	tshēn jǎochī!
Estoy lleno.	吃饱了。	chībǎo le.
Este plato está (muy) frío.	这个菜(太)凉了。	tshège cài (tài) liáng le.
Este plato es (muy) picante.	这个菜(太)辣了。	tshège cài (tài) là le.
Este plato está delicioso.	这个菜好极了。	tshège cài jǎochí le.

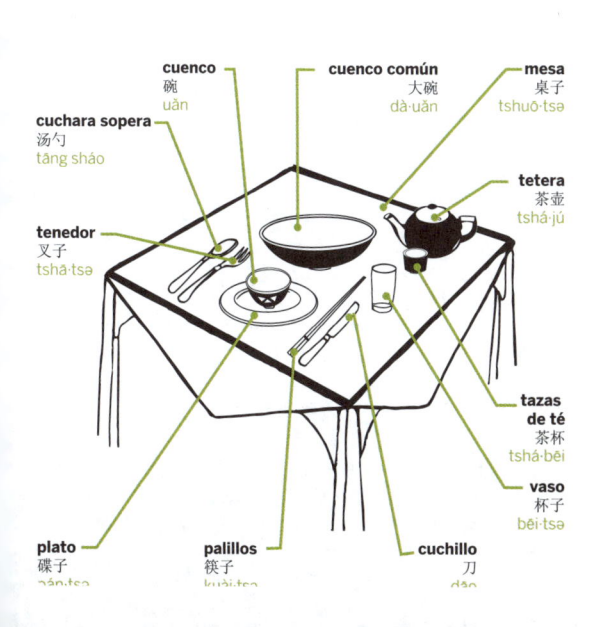

COMIDA — COMER FUERA

- **cuenco** 碗 uǎn
- **cuenco común** 大碗 dà·uǎn
- **mesa** 桌子 tshuō·tsə
- **cuchara sopera** 汤勺 tāng sháo
- **tetera** 茶壶 tshá·jú
- **tenedor** 叉子 tshā·tsə
- **tazas de té** 茶杯 tshá·bēi
- **vaso** 杯子 bēi·tsə
- **plato** 碟子 dán·tsə
- **palillos** 筷子 kuài·tsə
- **cuchillo** 刀 dāo

SOBRE LA CULTURA

La cuenta

En los restaurantes es bastante habitual pelearse por pagar la cuenta y se considera de buena educación insistir una o incluso dos veces aunque uno sea el invitado. La siguiente protesta se puede hacer en voz alta, para mostrar sinceridad, aunque sea un farol:

你请客,我买单。 nǐ chǐngkè, uǒ mǎidān.
Tú has sido el anfitrión, pero yo pagaré la cuenta.

Pagando la cuenta

¿Está incluido el servicio en la cuenta?	帐单中包括服务费吗? tshàngdān tshōng bāokuò fúwù fèi ma?
Hay un error en la cuenta	帐单上有问题。 tshàngdān shàng yǒu uèntí.
Por favor, traiga la cuenta.	请给我账单。 chǐng gěiuǒ tshàngdān.
✂ ¡La cuenta!	买单! mǎidān!

Comidas ligeras

¿Cómo se llama eso?	那个叫什么? nàge yiào shénme?
Por favor, quiero ...	请给我…… chǐng gěi uǒ ...

una rodaja	一块	yīkuài
un trozo	一份	yīfèn
un sándwich	一个三明治	yīge sānmíngzhì
ese	那一个	nàyīge
dos	两个	liǎngge

SE BUSCARÁ

t-凉菜	liángcài	aperitivos (fríos)
主菜	tshǔ cài	platos principales (normalmente de carne)
海鲜	jǎishiān	platos de pescado
汤类	tānglèi	sopas
蔬菜	shūcài	platos de verduras (pueden llevar carne)
主食	tshǔshí	alimentos básicos
甜品	tiánpǐn	postres
啤酒	píjiǔ	cerveza
果汁	guǒtshī	zumo de frutas
汽水	chìshuǐ	refrescos
香槟	shiāngbīn	vinos espumosos
白酒	báiyiǔ	licores
白兰地	báilándì	coñac
加饭酒	yiǎfànyiǔ	licores digestivos

Para otras palabras que puedan aparecer en un menú, véase **glosario gastronómico**, en p. 199.

Bebidas no alcohólicas

... agua ......水
... shuǐ

hervida	开	kāi
fría	凉开	liáng kāi
mineral con gas	矿泉汽	kuàngchuán chì
mineral sin gas	矿泉	kuàngchuán

SOBRE LA CULTURA

Comida compartida

Es habitual que en los restaurantes la comida no se sirva en raciones individuales sino en platos comunes (dàpán 大盘) de donde comen directamente todos los comensales. Esta costumbre añade un toque de diversión a las comidas, pero lo malo es que también afecta al elevado índice de infecciones de hepatitis B, por lo que se recomienda vacunarse antes de viajar.

yogur líquido	酸奶	suānnǎi
zumo de (naranja)	（橙）汁	(tshéng) tshī
zumo de lichi	荔枝汁	lìtshī tshī
refresco	汽水	chìshuǐ
bebida de ciruela ácida	酸梅汤	suānméitāng
una taza de café (con leche)	一杯咖啡加（牛奶）	yībēi kāfēi yiā (niúnǎi)
una taza de té sin (azúcar)	一杯茶不加（糖）	yībēi chá bù yiā (táng)
... café	……咖啡	... kāfēi

solo	黑	jēi
descafeinado	低咖啡因	dī kāfēiyīn
exprés	浓缩	nóngsuō
con hielo	冰	bīng
cargado	特浓	tènóng
suave	淡	dàn
con leche	白	bái

Bebidas alcohólicas

Uno podrá fijarse en que los clientes golpean el mantel con los dedos mientras les rellenan la copa, un gesto que ha conquistado China desde el sur a principios de los 90 y que expresa agradecimiento por el servicio prestado.

cerveza	啤酒 píjiǔ
coñac	白兰地 báilándì
champán	香槟 shiāngbīn
licor chino	白酒 báijiǔ
cóctel	鸡尾酒 yiuěi jiǔ
maotai (*vodka* chino)	茅台酒 máotái yiǔ
vino de arroz	黄酒 juánchioǔ

SOBRE LA CULTURA — El té chino

Los chinos suelen beber más té que café y, aunque en las grandes ciudades empieza a haber una cierta cultura cafetera, puede que resulte difícil encontrar café fuera de los núcleos principales. Lo bueno es que tienen una gran variedad de tés deliciosos. Se puede probar alguno de los siguientes:

红茶	jóngchá	té negro
菊花茶	chúhuāchá	té de crisantemo
绿茶	lŭchá	té verde
花茶	juāchá	té de jazmín
乌龙茶	ūlóngchá	té oolong

SOBRE LA CULTURA

Comida callejera

Los bulliciosos pueblos y ciudades chinos están repletos de vendedores ambulantes (chiētóu shiǎotshē 街头小吃) que ofrecen una gran selección de deliciosos tentempiés (shiǎotshē 小吃). Se puede elegir entre:

凉粉	liángfěn	fideos de harina de soja fríos
玉米棒	yùmǐ bàng	mazorca de maíz
饺子	chiǎotsi	bola de masa (hervida)
锅贴	guōtie	bola de masa (frita)
包子	bāotsi	bola de masa (al vapor)
煎饼	chiānbǐng	tortita de huevo y cebolleta
烧饼	shāobǐng	pan plano cubierto de semillas de sésamo
肉饼	ròubǐng	pastel de cerdo (grande)
馅饼	shiànbǐng	pastel de cerdo (pequeño)
烧卖	shāomài	bola de masa al vapor con cerdo, langostino relleno de castaña de agua y brotes de bambú
粽子	tsòngtsi	arroz glutinoso envuelto en hojas de bambú
馄饨	júntun	sopa wonton

un chupito de ...　　　一樽……
　　　　　　　　　　　yīzūn ...

ginebra	金酒	chīnchiǔ
ron	朗姆酒	lǎngmǔchiǔ
tequila	龙舌兰酒	lóngshélán chiǔ
vodka	伏特加	fútèchiā
whisky	威士忌	uēishìchì

una botella/copa de vino ...	一瓶/一杯……葡萄酒
	chīpíng/chībēi ... pútáo chiŭ

de postre	甜	tián
tinto	红	jóng
champán	香槟	shiāngbīn
blanco	白	bái

un vaso de cerveza	一杯啤酒
	chī bēi píchiŭ

una botella grande de cerveza	一大瓶啤酒
	chī dàpíng píchiŭ

una botella pequeña de cerveza	一小瓶啤酒
	chī shiăopíng píchiŭ

En el bar

¡Perdone!	劳驾!
	láochià!

Q ¿Qué quieres tomar?	你想喝什么?
	nĭ shiăng jē shénme?

A Me tomaré ...	我来一个……
	uŏ lái chīge ...

Otra igual, por favor.	请再来一个。
	chĭng tsài lái chīge.

Sin hielo, gracias.	不要加冰块。
	bùyào chiā bīngkuài.

🔊 SE OIRÁ

你喝了什么?	nĭ jē le shénme?
	¿Qué estás tomando?
你喝多了。	nĭ jē duō le.
	Creo que ya has bebido suficiente.

COMIDA · COMER FUERA

> **SOBRE LA CULTURA**
>
> **Cocina china**
> La cocina china se puede dividir en cuatro grandes escuelas. Las características de estas cocinas regionales quedan perfectamente resumidas en el dicho "el este es agrio, el oeste picante, el sur es dulce y el norte salado". (dōng suān, shī là, nán tián, běi shián 东酸, 西辣, 南甜, 北咸).
>
> Existen también otros estilos de cocina regionales, entre los que se incluyen los siguientes:
>
> | | | |
> |---|---|---|
> | 皖菜 | uǎncài | cocina Anhui |
> | 浙菜 | tshècài | cocina oriental (de Shanghai) |
> | 闽菜 | mǐncài | cocina Hokkien |
> | 湘菜 | shiāngcài | cocina Hunan |
> | 苏菜 | sūcài | cocina Jiangsu |
> | 鲁菜 | lǔcài | cocina del norte (de Shandong) |
> | 川菜 | chuāncài | cocina occidental (de Sichuan) |
> | 粤菜 | yuècài | cocina del sur (cantonesa) |

¿Qué estás bebiendo?	喝什么？ jē shénme?
Te invito a una copa.	我请客。 uǒ chǐng kè.
¿Cuánto cuesta?	总共多少钱？ tsǒnggòng duōshǎo chián?
¿Sirven comidas aquí?	你们提供饭菜吗？ nǐmen tígōng fàncài ma?

Una copa de más

¡Salud!	干杯！ gānbēi!
Esto sienta muy bien.	太顺口了。 tài shùnkǒu le.

¡Me encuentro fenomenal!	感觉真爽！ gǎnchué tshēnshuǎng!
Creo que me he tomado una copa de más.	我是不是喝多了。 uǒ shìbùshì jēduō le.
Estoy borracho.	我有点醉。 uǒ yǒudiǎn tsuì.
Estoy como una cuba.	我醉了。 uǒ tsuì le.
Me encuentro mal.	我要呕。 uǒ yào ǒu.
¿Dónde está el servicio?	哪里有厕所？ nǎli yǒu cèsuǒ?
Estoy cansado, mejor me voy a casa.	我困了，该回家了。 uǒ kùn le, gāi juíchiā le.
¿Me puedes llamar un taxi?	你能帮我叫个车吗？ nǐ néng bānguǒ chiào ge chē ma?

Comprar y cocinar

FRASES ÚTILES

¿Cuál es la especialidad local?	有什么地方特产?	yǒu shénme dìfāng tèchǎn?
¿Dónde está la zona de ... ?	哪里有卖……?	nǎli yǒu mài ...?
Quiero ...	我要……	uǒyào ...

Comprar comida

¿Cuál es la especialidad local?	有什么地方特产? yǒu shénme dìfāng tèchǎn?
¿Qué es eso?	那是什么? nà shì shénme?
¿Lo puedo probar?	能尝一下吗? néng chángyīshià ma?
¿Me da una bolsa por favor?	我买一包吧。 uǒ mǎi yībāo ba.
¿Cuánto cuesta?	多少钱? duōshǎo chián?
¿Cuánto cuesta (medio kilo de manzanas)?	(一斤苹果)多少钱? (yīchīn píngguǒ) duōshǎo chián?
¿Tiene algo más barato?	你有便宜一点的吗? nǐ yǒu piányi yīdiǎn de ma?
¿Tiene otros tipos?	你有别的吗? nǐ yǒu biéde ma?

🔊 SE OIRÁ

你想要什么？	nǐ shiǎng yào shénme?	
	¿Qué quería?	
想点什么呢？	shiǎng diǎn shénme ne?	
	¿Qué le puedo dar?	
不需要。	bù shūchào.	
	No, no tenemos.	
还要别的吗？	jáiyào biéde ma?	
	¿Quiere algo más?	
总共(五块)钱。	tsǒnggòng (ǔ kuài) chián.	
	Son (cinco kuai).	

Quiero ...   我要······
uǒyào ...

media docena	半打	bàndá
una docena	一打	yīdá
una botella	一瓶	yīpíng
un bote	一罐	yīguàn
un litro	一公升	yīgōngshēng
un paquete	一盒	yījé
un trozo	一块	yīkuài
(tres) trozos	(三)块	(sān) kuài
una loncha	一份	yīfèn
(seis) lonchas	(六)份	(liù) fèn
una lata	一罐	yīguàn
algunos ...	一些······	yīshē ...
ese	那个	nàge
este	这个	tshège

COMIDA

COMPRAR Y COCINAR

Menos.	少一点。 shǎo chīdiǎn.
Un poco más.	多一点。 duō yīdiǎn.
¡Basta!	够了,够了! gòule, gòule!
¿Dónde está la zona de ... ?	哪里有卖……? nǎli yǒu mài ...?

lácteos	奶制品	nǎitshìpǐn
congelados	冰冻食品	bīngdòng shípǐn
fruta y verdura	水果和蔬菜	shuǐguǒ jé shūcài
carne	肉	ròu
aves	鸡	chī
pescado	海鲜	jǎishiān

Cocinar

¿Por favor, me puede dejar ...?	我能借一……吗? uǒ néng chiè yī ... ma?
Necesito un/una ...	我想要一…… uǒ shiǎngyào yī ...

abrebotellas	个开瓶器	ge kāipíng chì
abrelatas	个开罐器	ge kāiguàn chì
sacacorchos	个螺旋开瓶器	ge luóshuán kāipíng chì
sartén	口炸锅	kǒu tsháguǒ
cuchillo de carne	把菜刀	bǎ càidāo
arrocera	个电饭锅	ge diànfàngguǒ
cacerola	口小锅	kǒu shiǎoguǒ
olla vaporera	个蒸笼	ge tshēnglóng
tostador	个烤面包机	ge kǎomiànbāo chī
wok	口锅	kǒu guō

能尝一下吗？
néng chángyīshià ma?
¿Lo puedo probar?

cocido	熟 shú
curado	咸 shián
secado	干 gān
fresco	鲜 shiān
congelado	冰冻 bīngdòng
crudo	生 shēng
ahumado	熏 shūn

Comida vegetariana y de dieta

FRASES ÚTILES

¿Tiene comida vegetariana?	有没有素食食品？	yǒuméiyǒu sùshí shípín?
¿Me puede preparar un plato sin ...?	能不能做一个不放……的菜？	néngbùnéng tsuòyīge bùfàng ... de cài?
Soy alérgico a ...	我对……过敏。	uǒ duì ... guòmǐn.

Dietas especiales y alergias

Soy alérgico a ... 我对……过敏。
uǒ duì ... guòmǐn.

la mantequilla	黄油	juángyóu
el chile	辣椒	làchiāo
los lácteos	奶制品	nǎitshìpǐn
los huevos	鸡蛋	chīdàn
la gelatina	明胶	míngchiāo
el gluten	面筋	miànchīn
la miel	蜂蜜	fēngmì
el glutamato	味精	uèichīng
los frutos secos	果仁	guǒrén
los cacahuetes	花生	juāshēng
el pescado	海鲜	jǎishiān
el marisco	贝类海鲜	bèilèi jǎishiān

Sigo una dieta especial.	我在节食。 uǒ tsài chiéshí.
No como (cerdo).	我不吃(猪肉)。 uǒ bùchī (tshūròu).

Para explicar las restricciones dietéticas basadas en creencias religiosas, véase **creencias y cultura**, en p. 145.

Pedir la comida

¿Tiene comida *halal*?	有没有清真食品？ yǒuméiyǒu chīngtshēn shípín?
¿Tiene comida *kosher*?	有没有犹太食品？ yǒuméiyǒu yóutài shípín?
¿Tiene comida vegetariana?	有没有素食食品？ yǒuméiyǒu sùshí shípín?
¿Hay algún restaurante (vegetariano) cerca?	附近有没有(素食)饭馆？ fùjìn yǒuméiyǒu (sùshí) fànguǎn?
¿Está hecho en/con (caldo de carne)?	是用(肉)做的吗？ shì yòng (ròu) tsuòde ma?
¿Me puede preparar un plato sin ...?	能不能做一个不放……的菜？ néngbùnéng tsuòyīge bùfàng ... de cài?

huevos	鸡蛋	chīdàn
pescado	鱼	yú
caldo de pescado	鱼肉	yúròu
glutamato	味精	uèichīng
aves	家禽	chiāchín
carne roja	牛羊肉	niúyángròu

¿Estos productos son ...? 这个是……的吗?
tshège shì ... de ma?

de origen no animal	没有动物成份	méiyǒu dòngù chéngfèn
de animales criados en libertad	自由放养	tsìyóu fàngyǎng
modificados genéticamente	转基因	tshuǎn chīyīn
sin gluten	无筋面粉	úchīn miànfěn
halal	清真	chīngtshēn
kosher	犹太	yóutài
bajos en grasa	低脂肪	dī tshīfáng
bajos en azúcar	低糖	dītáng
orgánicos	有机	shǒuchī
sin sal	不加盐	bùchiā yán

Glosario GASTRONÓMICO

饭食词表

Los siguientes platos e ingredientes están ordenados por orden alfabético según su pronunciación para que resulte más fácil entender lo que se ofrece y también poder pedir lo que a uno le apetezca comer. Las abreviaciones siguientes identifican la cocina a la que pertenecen algunos platos:

CN – Cocina del norte, **CS** – Cocina del sur,
CE – Cocina del este, **CO** – Cocina del oeste

~ B ~

bābǎo fàn 八宝饭 'arroz ocho tesoros', plato de arroz dulce que se come tradicionalmente en el Año Nuevo Chino y que lleva frutas de colores glaseadas, frutos secos y semillas
bābǎo làchiàng 八寶辣酱 (CE) 'ocho tesoros en salsa picante', elaborado con tofu prensado y chile
bāchiǎo fěn 八角粉 polvos hechos de anís estrellado molido
bāchiǎo 八角 anís estrellado
básā pǐngguǒ 拔丝蘋果 trozos de manzana mojados en mantequilla, fritos y cubiertos de toffee
bái júchiāo 白胡椒 pimienta blanca
bái mǐfàn 白米饭 arroz, el alimento principal, imbuido de un significado casi espiritual para los chinos
bái pútao chiǒu 白葡萄酒 vino blanco
báichiè mo 白芥末 mostaza blanca
báichiǒu 白酒 alcohol chino del estilo del *vodka*
báilándì 白兰地 coñac

báimǐ 白米 arroz sencillo
báitshuóshiā 白灼虾 (CS) langostinos frescos y enteros cocidos a fuego lento y servidos con una crema para mojar de aceite de cacahuete y salsa de soja
báitsù 白醋 vinagre de arroz blanco
bàn shēng 半生 poco hecho
bànshēng bànshóu 半生半熟 mediano
bàngbang chī 棒棒鸡 'pollo bang bang', plato frío preparado con hebras de pollo, pepino y fideos muy finos, con un aliño de pasta de sésamo, aceite de sésamo, ajo, jengibre y chile
bàngtsɨ 蚌子 almeja, mejillón
bào 爆 salteado en aceite hirviendo
bǎotsa fàn 煲仔饭 'arroz a la olla de barro', arroz estofado hecho en una olla de barro con salchicha china, pescado, verduras y champiñones
bāotsa 包子 bola de masa al vapor
bàotshǎo mièn 爆炒面 (CO) 'fideos hot-wok', fideos de huevo fritos, servi-

dos normalmente con carne y verduras
bāoyú 鲍鱼 abulón
běijīng kǎoyā 北京烤鸭 (CN) pato pequinés, lonchas de pato asado servido normalmente con tortitas, tiras de cebolleta y salsa de ciruela
biǎndàu 扁豆 judía verde
bīngchílín 冰淇淋 helado
bīngdòng 冰冻 congelado
bǐnggān 饼干 galletita al estilo occidental
bīngkuài 冰块 cubitos de hielo
bòjə 薄荷 menta
bōluo 菠萝 piña
bōtsài 菠菜 espinacas
bùdīng 布丁 (CS) budín al estilo occidental

~ C ~

chǐdàn 鸡蛋 huevo de pollo
chǐròu 鸡肉 pollo
chǐtāng 鸡汤 caldo de pollo
chǐtshə 鸡翅 ala de pollo
chǐtueǐ 鸡腿 muslo, pata
chǐueǐ chiǒu 鸡尾酒 cóctel
chiāng 姜 jengibre
chiàngtshə̌ páigu 酱炙排骨 (CE) costillas de cerdo a la barbacoa, una especialidad de la ciudad de Wuxi
chiàngyóu 酱油 salsa de soja
chiào juā chǐ 叫化鸡 (CE) 'pollo del mendigo', pollo entero deshuesado relleno de cerdo, verduras, champiñones, jengibre y otros condimentos, envuelto en hojas de loto y arcilla mojada o masa y hecho al horno durante varias horas
chiāobái 茭白 (CE) raíz de arroz salvaje
chiǎokèlì 巧克力 chocolate
chiǎotsə 饺子 masa hervida
chiǎ-yú 甲鱼 tortuga
chièlán 芥兰 gai lan (también conocido como brócoli chino o col rizada china)
chiětóu shiǎotshə̌ 街头小吃 vendedor de comida en la calle
chiétsə 茄子 berenjenas
chiēn 煎 estofado
chiēnbǐng 煎饼 tortita de huevo y cebolletas
chiēnbǐng 签饼 (CS) galletas de la fortuna
chīnsə̌ mièn 金丝面 fideo de huevo frito de Beijing, similar a los fideos udon japoneses (CN)
chíntsài 芹菜 apio
chīntshagǔ 金针菇 un tipo de seta también conocida como enoki
chīngchiāo 青椒 pimentón
chīngtāng 清汤 caldo ligero
chīngtsài 青菜 verduras de hoja verde
chīngtshə 清真 halal
chīngtshə̌ng dàchiáshiè 清蒸大闸蟹 (CE) cangrejo salteado con jengibre y chalotas
chiǒubā 酒吧 bar
chiǒulèi 酒类 bebidas alcohólicas
chiǒutsaì 韭菜 cebolletas chinas
chújuā 菊花 crisantemo, planta con flor que tiene un sabor similar a la lechuga y que se presenta como acompañamiento
chújuātshá 菊花茶 té de crisantemo
chútsə 橘子 mandarina
chüénchiāfú2 全家富 (CE) 'felicidad familiar marisco espectacular', marisco estofado con champiñones y tendón de cerdo
chüénmài mièenbāo 全麦面包 pan integral

~ D ~

dà báitsài 大白菜 repollo blanco chino
dà tsōng 大葱 cebolletas grandes
dàchiáshiè 大闸蟹 (CS) 'cangrejo pe-

ludo', denominado así por la especie de pelo que tiene en las patas y la parte de abajo del caparazón. Es un manjar de Shanghai

dàshiā 大虾 langostino
dàsuàn 大蒜 ajo
dàn 蛋 huevo
dànbái 蛋白 clara de huevo
dāndan mièn 担担面 (CO) fideos 'dan dan', fideos de trigo finos acompañados de cerdo, cebolleta y aceite de chile rojo, salsa de soja, pasta de sésamo, ajo, jengibre, y salsa de Sicuani hecha con granos de pimienta
dàngāo 蛋糕 bizcocho
dànjuáng 蛋黄 yema de huevo
dànmièn 蛋面 (CS) fideos de huevo, se venden secos o frescos
dàntà 蛋挞 (CS) hojaldres con relleno de natillas
dàntāng 蛋汤 (CS) 'sopa con huevos caídos', caldo de pollo en el que se cuajan huevos crudos
diguā 地瓜 batata
diënshīn 點心 (CS) dim sum, es un término amplio que engloba distintas masas, fritas o al vapor y pequeñas delicias servidas en un **yǐn tshá**
dīng 丁 dados de ternera, pollo o cerdo
dīng-shiāng 丁香 clavo
dōngguā 冬瓜 melón de invierno, un tipo de melón cuya carne es blanca y gruesa y que se utiliza para sopas y otros platos
dōngtsài 冬菜 (CN) repollo Tianjin escabechado
dòuchiāng 豆浆 leche fresca de soja
dòuchiāo 豆角 judías verdes en trozos
dòufən 豆粉 fideos de soja
dòufu nǎo 豆腐脑 (CN) sopa salada de queso de soja
dòufu pí 豆腐皮 queso de soja seco
dòufu tāng 豆腐汤 (CO) cazuela de queso de soja con brotes de bambú, jamón, cebollino, repollo chino, jengibre y gambas
dòufǔ 豆腐 tofu (queso de soja)
dòumiáo 豆苗 brotes de guisantes
dòunǎi fən 豆奶粉 leche de soja en polvo
dòushā bāo 豆沙包 bollito dulce de pasta de alubia roja al vapor
dòutsə 豆子 judía
dòuyá 豆芽 brote de soja germinado
duəˋn 炖 guisado

~ E ~

é 鹅 ganso
èlí 鳄梨 aguacate

~ F ~

fānchié chiàng 番茄酱 kétchup salsa de tomate
fānchié tshǎo chīdàn 番茄炒鸡蛋 tomate y huevo salteados
fànguǎn 饭馆 restaurante
fāngbièn mièn 方便面 fideos instantáneos
fənsəˉ 粉丝 cabello de ángel
fəˋngtshuǎ (chīchiǎo) 凤爪（鸡脚）'garras de fénix', patas de pollo
fèi 肺 pulmón
féiròu 肥肉 carne grasa
fēitshángkəʟəˋ 非常可乐 'cola extrema', la versión china de la Coca-Cola
féitsháng 肥肠 intestino grueso del cerdo
fóshǒu 佛手 (CE) mano de Buda, aromático cítrico conocido también como tiras de limón
fúrǔ 腐乳 dados de tofu fermentados, secos, hechos al vapor y luego embotellados con vino. Su textura y sabor son similares al Camembert
fútaˋchiā 伏特加 *vodka*
fǔtshú 腐竹 palitos amarillos de leche de soja secos

~ G ~

gān 干 seco
gān 肝 hígado
gānbiān níouròu 干煸牛肉 (CO) tiras de ternera fritas y salteadas con chile
gānbiān sə`chi dòu (CO) 干煸四季豆 vainas fritas con ajo, jengibre, gambas y servidas con salsa de soja, vino, vinagre y aceite de sésamo
gānbiān 干煸 'frito-seco', fritos con muy poco líquido, cocidos posteriormente y que dejan la comida cubierta con una salsa
gánlǎn yóu 橄榄油 aceite de oliva
gāntshə` 甘蔗 caña de azúcar
gāodiǎn ū 糕点屋 tienda de bizcochos
gə ̄tsə 鸽子 pichón
gōngbào chǐdīng 宫爆雞丁 (CN) trozos de pollo marinados, salteados con chile, cacahuetes y condimentados con una salsa dulce
gōngfu tshá 工夫茶 (CS) té congou, un té negro bastante fuerte
gǒuchìtsə 枸杞子 arbusto espinoso, similar en textura y valor nutritivo a la espinaca
gǒuròu 狗肉 perro
gǔsuéi 骨髓 tuétano
guā 瓜 melón tuétano vegetal
guātsə 瓜子 pipas de girasol pipas de calabaza
guèipí 桂皮 canela en rama
guǒchiàng 果酱 mermelada
guǒgān 果干 fruta seca
guǒrən 果仁 frutos secos
guǒtiē 锅贴 masa frita
guǒtshē 果汁 zumo

~ **J** ~

jǎidài 海带 kelp (un tipo de alga)
jǎishən 海参 pepino marino
jǎishiēn 海鲜 marisco
jǎitshə 海蜇 medusa, se vende en láminas empaquetadas con sal y se sirve en tiras
jànbāobao 漢堡包 hamburguesa
jáo 蚝 ostra
jáoyóu chièlán 耗油芥兰 (CS) plato de **chièlan** (también conocido como gai lan, brócoli chino o col rizada china) con salsa de ostra
jáoyóu 蠔油 (CS) salsa de ostra
jəfàn 盒饭 caja para llevar con arroz y verduras
jəfən 河粉 fideos de arroz finos o planos algo escurridizos
jəlán dòu 荷兰豆 guisante
jətao 核桃 nuez
jóng pútao chiǒu 红葡萄酒 vino tinto
jóngdòu 红豆 judía (o semilla) de mungo roja
jóngshāo páigu 红烧排骨 (CO) costillas de cerdo rojo frito
jóngshāo ròu 红烧肉 (CO) cerdo rojo frito
jóngshāo 红烧 (CO) 'rojo frito', estofado en una salsa dulce de anís estrellado
jóngtshá 红茶 té negro
jóngtsù 紅醋 vinagre de vino tinto
júchiāo fən 胡椒粉 pimienta (condimento)
júluóbo 胡萝卜 zanahoria
juāshəng yóu 花生油 aceite de cacahuete
juāshəng 花生 cacahuete
juāshəngchiàng 花生酱 crema de cacahuete
juātshá 花茶 té de jazmín
juáiyáng tsài 淮扬菜 cocina de la costa este, que utiliza bastantes verduras y una gran variedad de condimentos e ingredientes frescos. El guiso rojo procede de allí (carne hervida a fuego lento en salsa de soja, azúcar y especias)
juángchiàng 黄酱 (CN) salsa de judías negras para mojar
juángchiàng 黄酱 salsa para mojar
juángchiǒu 黄酒 'vino amarillo', vino de arroz similar de sabor al jerez

y servido caliente
juángdòu 黄豆 soja
juánggua 黄瓜 pepino
juángshàn 黄鳝 anguila de arrozal
juángyóu 黄油 mantequilla
juɘndua`n tān 混沌摊 puesto de won ton
juɘndua`n 混沌 sopa won ton, masa rellena de cerdo y gambas servidas en caldo de pollo
juéiguǒ ròu 回锅肉 (CN) cerdo agridulce
juó tuěi 火腿 jamón
juǒchī 火鸡 pavo

~ K ~

kāfēi 咖啡 café
kāfēiū 咖啡屋 cafetería, bar
kāishīnguǒ 开心果 pistacho
kāishuěi 开水 agua hirviendo
kǎo yángròu tshuàn 烤羊肉串 (CO) kebab de cordero hecho a la parrilla de carbón, es una especialidad Uyghur
kǎo 烤 asado
kǔguā 苦瓜 melón amargo, se parece a un pepinillo y tiene un fuerte sabor amargo
kuàngtshuénshuěi 矿泉水 agua mineral

~ L ~

là 辣 chile caliente
làchiāo chiàng 辣椒酱 salsa de chile
làchiāo 辣椒 guindilla
làtsɘ chǐdīng 辣子鸡丁 (CO) pollo tierno estofado al chile
lántshōu miàn 兰州面 (CO) fideos de carne Lanzhou
lí 梨 pera
lìtsɘ 栗子 castaña
lìtshuē̄ chìshuěi 荔枝汽水 refresco con sabor a lichi
lǐyǔ 鲤鱼 carpa

liáng kāishuěi 凉开水 agua hervida fría
liángfɘn 凉粉 fideos de harina de soja fríos
liángtsài 凉菜 aperitivo
liénǒu 莲藕 raíz de loto; es el tallo del tubérculo de los nenúfares que puede rellenarse de arroz y se hace al vapor, salteado o añadido a sopas y guisos
líoulién 榴莲 durian, conocida como la 'reina de las frutas' es muy apreciada y tiene un olor repugnante y una carne cremosa (CS)
lóngshiā 龙虾 langosta de roca
lǜdòu 绿豆 judía (o semilla) de mungo verde
lǜròu 驴肉 burro
lǔtsài 鲁菜 cocina del norte (Shandong) los ingredientes típicos que utiliza son tortitas de trigo, cebolleta y pasta de soja fermentada
lǜthuá 绿茶 té verde
luóbo gāo 萝卜糕 (CS) bizcocho de rabanitos fritos con nabo rallado, salchicha china, gamba seca, champiñones, cebolletas y condimento
luóbo 萝卜 rabanitos
luójiàn tshāi 罗汉斋 (CS) guiso vegetariano (con muchas variantes) que suele incluir hongos y tallo de capullo de lirio

~ M ~

májuā 麻花 (CN) pan al estilo musulmán de Tianjin
málà tāng 麻辣烫 (CO) 'sopa picante entumecedora' –el típico caldo que va con **tshóngching juǒguǒ** 重庆火锅 con abundantes cantidades de picantísima pimienta de Sichuan y aceite de chile
mápō dòufu 麻婆豆腐 'Ma Po queso de soja' fresco y marinado en especias y posteriormente frito en aceite de

chile y adornado con hebras de cerdo y pimienta picante en grano (CN)
máyǐ shàngshù 蚂蚁上树 (CN) 'hormigas subiendo por un árbol', fideos finísimos estofados con carne de cerdo menuda sazonada con salsa de soja y servida con cebolleta cortadita por encima
mántou 馒头 bollito al vapor
mànyú 鳗鱼 anguila de río
mángguǒ 芒果 mango
máodòu 毛豆 soja fresca
máotái chiǔ 茅台酒 vodka al estilo chino hecho de mijo
méitsài kòuròu 梅菜扣肉 cerdo preparado al vapor con repollo en vinagre
méitsə 梅子 ciruela
mìfəng 蜂蜜 miel
mǐfən 米粉 fideos de arroz
miènbāo 面包 pan
miènchīn chiǒu 面筋球 bola de gluten con textura de carne hecha de masa que se lava y solo deja el gluten. Se utiliza en los platos vegetarianos
miènfən 面粉 harina
mièntān 面摊 restaurante de fideos
mièntiáo 面条 fideos
mǐntsài 闽菜 cocina Hokkien
mógú 蘑菇 champiñón
mòlì juātshá 茉莉花茶 té de jazmín
mùguā 木瓜 papaya
mùshǔròu 木须肉 (CN) cerdo salteado con hongos

~ N ~

nǎilào 奶酪 queso
nǎitshə`pǐn 奶制品 productos lácteos
nánguā 南瓜 calabaza
níjoútáo 猕猴桃 kiwi
niéngāo 年糕 dulces del Año Nuevo Chino
niéngāo 黏糕 bizcocho de arroz
níngməng chī 柠檬鸡 (CS) pollo al limón
níngməng 柠檬 limón

nióupái 牛排 filete (de ternera)
nióuròu tāng 牛肉汤 caldo de buey
nióuròu 牛肉 ternera
nuòmǐ 糯米 arroz glutinoso (conocido también como arroz pegajoso o dulce)

~ O ~

ōushè tsǎotsān 欧式早餐 desayuno continental

~ P ~

páigǔ 排骨 costillas
pàotsài 泡菜 verduras en vinagre
péigən 培根 beicon
píchiǒu 啤酒 cerveza
pídàn shòuròu tshōu 皮蛋瘦肉粥 (CS) conserva de huevo de pato y gachas de cerdo
pièn 片 loncha
píngguǒ 苹果 manzana
pútào chiǒu 葡萄酒 vino
pútào 葡萄 uvas
pútàogān 葡萄干 pasas
pú`ər tshá 普洱茶 té pu-erh, té de jazmín añejo que supuestamente tiene poderes medicinales y un aroma y un gusto muy particulares

~ R ~

rənshən 人参 ginseng, conocido como un tonificante y afrodisíaco
rə`chiǎokə`lì 热巧克力 chocolate caliente
ròu 肉 carne (de cerdo a menos que se especifique otra cosa)
ròubǐng 肉饼 pastel grande de cerdo
ròuchiámó 肉夹馍 (CN) cerdo estofado cortado finamente junto con cilantro y con el que se rellena una especie de pan de pita plano
ròudièn 肉店 carnicería
ròulèi dàtsài 肉类大菜 plato principal
ròushièn 肉馅 relleno de carne picada

~ S ~

sānmíngtshə̀ 三明治 sándwich
sānuən yǘ 三文鱼 salmón
sə̀ chì páigǔ 四季排骨 (CS) chuletas estofadas
sə̀ tshuān chī 四川鸡 (CO) pollo Sichuan
shādiē 沙嗲 satay, originariamente del sudeste de Asia, aunque se ha convertido en un popular alimento dim sum
shāguōdòu fu 砂锅豆腐 (CE) queso de soja hecho en cazuela de barro con bambú seco y cabello de ángel
shālā 沙拉 ensalada
shātáng 砂糖 azúcar
shānméi 山梅 frambuesa
shāo 烧 carne ensartada en una varilla para asar con salsa dulce
shāobǐng 烧饼 pan plano espolvoreado por encima con semillas de sésamo
shāokǎo 烧烤 a la barbacoa
shāomài 烧買 envoltorio de won ton relleno de cerdo, langostinos, castaña de agua y brotes de bambú, hechos al vapor
shəng 生 crudo
shəngtsài 生菜 lechuga
shərou 蛇肉 serpiente
sha'tsə 柿子 caqui
shī júlu 西葫芦 calabacín
shī yòutsə 西柚子 pomelo
shīān júlú chī 西安葫芦鸡 pollo a la plancha guisado en una cazuela al estilo de Xi'an (CN)
shīduō 西多 (CS) torrijas cantonesas, pan untado de crema de cacahuete por dentro y frito
shīguā 西瓜 sandía
shījóngshā 西红柿 tomate
shīlánjuā 西兰花 brócoli
shiāchiāo 蝦餃 (CS) bola de masa transparente en forma de sombrero con langostino
shiāmǐ 虾米 gamba seca

shiārən guōbā 虾仁锅巴 (CE) arroz crujiente con gambas
shiātsə 虾子 langostino, gamba
shiāngbīn 香槟 champán
shiāngchiāo 香蕉 banana
shiāngliào 香料 hierbas culinarias especias
shiāngtsài 湘菜 cocina Hunan
shiāngtsǎo 香草 vainilla
shiāngtsháng 香肠 salchicha de cerdo
shiāo báitsài 小白菜 bok choy (verdura parecida al repollo)
shiāo tsōng 小葱 chalota cebolleta
shiāo uōtóu 小窝头 (CN) bollito de maíz amarillo hecho al vapor, algo seco y poco apetecible
shiāomǎibù 小卖部 ultramarinos
shiāomǐ 小米 mijo, el alimento básico de China hasta que fue sustituido por el arroz durante la dinastía Han
shiāomǔ 酵母 levadura
shiāotshə̄ 小吃 aperitivo
shièn bǐng 馅饼 (CN) empanada de carne al estilo de Beijing
shién 咸 curado salado
shiēn 鲜 fresco
shiènbǐng 馅饼 tartaleta de cerdo
shiénbǐnggān 咸饼乾 tostaditas
shiényā 咸鸭 pato en escabeche
shiényǘ 咸鱼 sardina
shìngrən 杏仁 almendra
shìngtáo 杏桃 albaricoque
shióngmāo ròu 熊猫肉 panda, por desgracia este animal en peligro de extinción a veces aparece en algún menú
shóu 熟 bien cocido, muy hecho
shòuròu 瘦肉 carne magra
shūtsài 蔬菜 platos de verduras, no suelen ser vegetarianos sino que contienen una verdura determinada
shuàn yángròu 涮羊肉 (CN) 'olla caliente de cordero de Mongolia', trozos de carne insertados en una especie de *fondue* donde se introducen hasta que se hagan en el caldo. Al caldo se le

añade posteriormente repollo y fideos para elaborar una sopa

shuĕ dòufu 血豆腐 queso de soja empapado en sangre de cerdo, a menudo se hace con ella una sopa

shuĕichīng yáoròu 水晶肴肉 (CE) manitas de cerdo

shuéiguŏ 水果 fruta

shuéitshŭ tshŭtsá 水煮猪杂 (CO) tripas de cerdo estofadas en una mezcla picante de chile en polvo, pasta de chile y chiles de montaña frescos

shŭn 熏 ahumado

sōngrən 松仁 piñón

sūtsài 苏菜 cocina Jiangsu

suānlà tāng 酸辣汤 'sopa amarga y picante', sopa de Sichuan para calentarse en invierno que tradicionalmente incluye sangre de cerdo coagulada y preparada con pimienta, chile y vinagre

suānméi 酸梅 ciruela amarga seca

suānméitáng 酸梅汤 bebida de ciruela amarga

suànmiáo 蒜苗 ajo tierno

suānnǎi 酸奶 yogur líquido fresco

suànní 蒜泥 'ajo frito', cocinado con bastante ajo y aceite

suān1 酸 amarga

suān-là 酸辣 'amargo y picante', normalmente un estilo de cocina que emplea sopas con mucho vinagre chino y aceite de chile

suən 筍 brote de bambú

~ T ~

táng jətao 糖核桃 nuez caramelizada

tángguŏ 糖果 piruletas, caramelos

tángjúlu 糖葫芦 (CN) manzana caramelizada

tānglèi 汤类 sopa

tángtshǎo lìtsə 糖炒栗子 castañas asadas, ideal para calentar las manos en invierno

tángtsù lĭyŭ 糖醋鲤鱼 (CE) pescado agridulce

tángtsù páigŭ 糖醋排骨 (CE) costillas de cerdo agridulce

tángtsù 糖醋 'agridulce', salsa sabrosa elaborada con azúcar y vinagre que se utiliza para dar sabor a la carne o para mojar

táotsə 桃子 melocotón

tiáoueìpĭn 调味品 algo que realza el sabor

tiĕbán kǎo 铁板烤 cocinar en un plato caliente

tién 甜 dulce

tiénbĭng 甜饼 bollitos dulces, galletas

tiénchī 田鸡 'pollo de corral'

tiénpĭn 甜品 postre

tiéntsài 甜菜 remolacha

tsàidān 菜单 menú

tsàijuā 菜花 coliflor

tsàishə`tshǎng 菜市场 mercado de comida fresca

tsàishīn 菜心 repollo chino, conocido también como 'choi sum' o 'choy sum'

tsàitān 菜摊 verdulería

tsàiyóu 菜油 aceite vegetal

tsāngguǎn 餐馆 restaurante

tsǎo 枣 dátil

tsǎofàn 早饭 desayuno

tsǎoméi 草莓 fresa

tsətsài 紫菜 alga fina

tsə`lái shuéi 自来水 agua del grifo

tsə`tshùtsān 自助餐 bufé

tshà āntshuə`n 炸鹌鹑 codorniz frita

tshá 茶 té

tshāshāo 叉烧 (CS) cerdo dulce asado a la barbacoa

tshāshāobāo 叉烧包 (CS) bollito de cerdo a la barbacoa

tsháyè dàn 茶叶蛋 'huevo de té', huevo duro recubierto de té negro y anís estrellado

tshángfən 肠粉 (CS) rollos de fideos de arroz al vapor rellenos de gambas, cerdo o ternera y servido con salsa de soja y aceite de sésamo

tshǎo shàngsù 炒上素 (CS)

plato vegetariano de champiñones salteados, raíz de loto, frutos secos y verduras frescas
tsháo 炒 saltear
tsháofàn 炒饭 arroz frito
tsháofən 炒粉 fideos de arroz fritos
tsháomièn 炒面 fideos de arroz fritos
tsháotshōu lúshuěi é 潮州卤水鹅 (CS) ganso estofado con un aderezo cremoso y servido con una salsa para mojar de ajo y vinagre
tsháotshōu yīmièn 潮州伊面 (CS) fideos de huevo fritos hasta que quedan crujientes y servidos con cebolletas, azúcar y vinagre
tsháotshōu yǔtāng 潮州鱼汤 (CS) sopa elaborada con pescado (normalmente pámpano), calamar, apio, champiñones y arroz cocido en caldo de pollo y con trozos de pescado seco por encima
tsháotshōutsài 潮州菜 cocina Chaozhou
tshā˜má chiàng 芝麻酱 pasta de sésamo
tshəntsə 榛子 avellana
tshəng 蒸 al vapor
tshənpí 陈皮 (CS) cáscara de mandarina o tangerina que se usa para sazonar
tshəntsù 陈醋 vinagre oscuro
tshəng tshə˜ 橙汁 zumo de naranja
tshəngchiàng 橙酱 mermelada
tshəngtsə 橙子 naranja
tshə`shuěi 汽水 refresco
tshə`tsài 浙菜 cocina del este (Shanghai), es normalmente más sustanciosa, dulce y aceitosa que otras cocinas del país y utiliza como ingredientes comunes verduras en conservas, pepinillos y carnes saladas,
tshóngching juǒguǒ 重庆火锅 (CO) 'olla caliente Chongqing', plato en el que los comensales introducen varios tipos de carne y verduras en una olla que contiene caldo hirviendo especiado
tshóngrə` 重热 recalentado
tshòu dòufu 臭豆腐 (CE) tofu fermentado en jugo de repollo
tshōu 粥 gachas
tshóutsə 肘子 codillo
tshǔ 煮 cocido
tshǔchī 煮鸡 cocido (duro)
tshūròu 猪肉 cerdo
tshūshə 主食 alimento básico
tshūyóu 猪油 manteca de cerdo
tshuāntsài 川菜 cocina occidental (Sichuan), célebre por emplear chile rojo y granos de pimienta picante. Los ingredientes básicos son: cerdo, aves, legumbres y brotes de soja
tshuənchuān 春卷 (CN) 'rollito de primavera', masa frita rellena de una mezcla que puede incluir verduras, pollo, cerdo, langostinos, champiñones, brotes y fideos
tsōngbào yángròu 葱爆羊肉 (CN) cordero al wok con chalotas
tsòngtsə 粽子 arroz pastoso envuelto en hojas de bambú
tsōngyóubǐng 葱油饼 (CN) 'bizcochos de cebolla', masa de repostería frita y rellena de cebolletas
tsù 醋 vinagre
tsuèi 脆 crujiente
tsuèipí 脆皮 chicharrones
tǔdòu 土豆 patata
tǔnǎ yǔ 土拿鱼 atún
tùròu 兔肉 conejo
tǔsə˜ (kǎo mièmbāo) 土司 (烤面包) tostada

~ U ~

ǔfàn 午饭 almuerzo, comida
újuā guǒ 无花果 higo
ǔlóngtshá 乌龙茶 té oolong, delicioso té negro que se fermenta parcialmente antes de secarse
uǎndòu 豌豆 guisante
uǎnfàn 晚饭 cena

uǎntsài 皖菜 cocina Anhui
uèichīng 味精 MSG (glutamato monosódico)
uèidao 味道 sabor, gusto
uēishìchì 威士忌 whisky

~ Y ~

yā 鸭 pato
yābǐng 鸭饼 (CS) pato salado y deshuesado sumergido en aceite de cacahuete y luego hecho al vapor
yán 盐 sal
yánchī 盐鸡 (CS) 'pollo asado a la sal', pollo relleno de jengibre, ajo y cebolletas y hecho al horno cubierto de sal gorda
yànmài pièn 燕麦片 avena
yáng tsōng 洋葱 cebolla
yángròu tshuāfàn 羊肉抓饭 (CO) arroz pilaf con sabor a comino cocido con zanahorias y cordero; es una especialidad Uyghur
yángròu 羊肉 cordero
yángtshòu shēˇtse tóu 扬州狮子头 (CE) 'albóndigas de cabeza de león', enormes albóndigas de carne de cerdo cocinadas en una olla con bok choy de barro
yángtshòu tshǎofàn 扬州炒饭 (CE) arroz frito de Yangzhou, existen distintas variedades pero puede incluir gambas y trozos de pollo o cerdo
yángtshòu tsuèishiā 扬州醉虾 (CE) 'langostinos borrachos de Yangzhou', langostinos vivos marinados en un licor transparente. A veces se comen mientras aún están vivos
yángtsōng 洋葱 cebolla
yāoguǒ 腰果 anacardo
yāotse 腰子 riñón
yèshiāo dièn 夜宵店 tienda de refrigerios
yèshiāo 夜宵 costumbre de tomar aperitivos a última hora de la noche como huevos, tofu y verduras cocidas en caldo y ensartadas en una brocheta
yētse 椰子 coco
yìdàlì mièn 意大利面 'pasta italiana'
yīmiàn 伊面 (CS) fideos de huevo fritos
yǐnliào 饮料 bebida fresca
yǐntshá 饮茶 yum cha, una comida a base de pequeñas porciones que se hace de media mañana a última hora de la tarde
yīngtáo 樱桃 cereza
yóutiáo 油条 palitos de masa frita, son muy populares para desayunar
yóutsài 油菜 hojas de mostaza, es un término que cubre una variedad de verduras que se utilizan en ensaladas cuando están tiernas o en vinagre
yòutse 柚子 pomelo
yóushà 油炸 frito con mucho aceite
yóutshǎo mièn 油炒面 (CN) fideos fritos aceitosos
yóuyú 鱿鱼 calamar, chipirón
yǔ 鱼 pescado
yǔgān 鱼干 pescado seco
yùmǐ bàng 玉米棒 mazorca de maíz
yùmǐ 玉米 maíz
yǔshiāng chiétse 鱼香茄子 (CN) berenjena en tiras empapada en una salsa con sabor a pescado que lleva vinagre, vino, ajo, jengibre, pimienta, cebolleta y pasta de alubias
yǔshiāng 鱼香 'pescado aromático', pescado estofado bien con salsa o con pequeños pescados secos
yǔtān 鱼摊 sopa de pescado
yùtou 芋头 (CE) colocasia
yuánliào 原料 ingrediente
yüètsài 粤菜 cocina del sur (cantonesa), es el estilo con más variedad de ingredientes y con los métodos más elaborados de preparación de las cocinas del país

Diccionario
ESPAÑOL-MANDARÍN
英文 – 普通话

A

a bordo 在……上 tsài ... shàng
a la brasa 烧烤 shāokǎo
a menudo 经常 chīngtsháng
a tiempo 准时 tshuənshə´
a tiempo completo 全时的 chüénshə´də
a tiempo parcial 零时工 língshə´gōng
a veces 偶尔 óuəř
abajo 下面 shiàmièn
abanico 扇子 shàntsə
abarrotado 拥挤 yōngchǐ
abeja 蜜蜂 mìfəng
abierto 开放 kāifàng
abogado 律师 lǜshā¯
aborto 堕胎 duòtāi
aborto (espontáneo) 流产 lióutshǎn
abrasador (sol) 很晒 jěnshài
abrazo 包住 bāotshù
abrebotellas 开瓶器 kāipíng chì
abrelatas 开罐器 kāiguàn chì
abrigo 大衣 dàyī
abril 四月 sə`yüè
abrir 打开 dǎkāi
abuela (materna) 外婆 uàipó
abuela (paterna) 奶奶 nǎinai
abuelo (materno) 外公 uàigōn
abuelo (paterno) 爷爷 yéye
aburrido 无聊 úliáo
acampar 野营 yěyíng
accidente 事故 shə`gù
aceite 石油 shə´yóu

acondicionador (de pelo) 润发剂 ruènfǎ chì
acoso 骚扰 sāorǎo
acostarse 躺下 tǎngshià
actor 演员 yǎnyüén
acupuntura 针灸 tshənchiōu
adaptador 双边插座 shuāngbiēn tshātsuò
adicción 毒瘾 dúyǐn
adicción a las drogas 毒品上瘾 dúpǐn shàngyǐn
adinerado 富裕 fùyù
adiós 再见 tsàichièn
adivinar 猜猜 tsàitsai
adivino 阴阳先生 yīnyáng shiēnshəng
administración 行政部门 shíngtshə`ng bùmə´n
admirador 球迷 chióumí
adoración 崇拜 tshóngbài
aduana (inmigración) 海关 jǎiguān
adulto 大人 dàrə´n
advertencia 警告 chǐnggào
aeropuerto 飞机场 féichī tshǎng
afección cardíaca 心脏病 shīntshàngbìng
afeitar 刮脸 guāliěn
África 非洲 fēitshōu
aftas 鹅口疮 ə´rkǒutshuāng
agencia de viajes 旅行社 lǚshíng shə`
agencia estatal 房地产公司 fángdìtshǎn gōngshə¯
agencia inmobiliaria 房产代理 fángtshǎn dàilǐ
agosto 八月 bāyüè

agradable 善良 shànliáng
agradecer (a alguien) 道谢 dàoshiè
agradecido 感谢 gǎnshiè
agricultor 农民 nóngmin
agricultura 农业 nóngyè
agua 水 shuěi
agua caliente 热水 rə`shuěi
agua del grifo 自来水 tshə`lái shuěi
agua fría (después de hervida) 白水 báishuěi
agua mineral 矿泉水 kuàngchüán shuěi
aguja (costura) 针线 tshənshièn
aguja (jeringuilla) 注射针 tshùshə` tshən
agujero 窟窿 kūlong
ahora 现在 shièntsài
aire 空气 kōngchì
aire acondicionado 空调 kōngtiáo
ajedrez (chino) 象棋 shiàngchí
ajedrez (occidental) 西洋棋 shīyàngchí
ajo 大蒜 dàsuàn
ajustado 很紧 jə´nchīn
al lado de 旁边 pángbiēn
alambre 金属丝 chīnshǔ shə¯
alas 翅膀 tshə`bang
albaricoque 杏桃 shingtáo
alcalde 市长 shə`tshǎng
alcohol 酒精 chiǒuchīng
Alemania 德国 də´guó
alérgico 过敏 guòmǐn
alfombra 地毯 dītǎn
algo 一个什么的 yígə shənmə də
algodón 棉花 miénjuā
alguien 某人 mǒrən
alguno, cualquier 任何 rənjə
algunos 一些 yìshiē
alimentar (bebé, animales) 喂 uèi
allí 那边 nàbiēn
almacén 仓库 tsāngkù
almejas 蚌子 bàngtsə
almendra 杏仁 shìngrə´n
almohada 枕头 tshə́ntóu
alojamiento 住宿 tshùsù
alojarse 住 tshù

alquiler 租赁 tshūlín
alquiler de automóvil 车租赁 tshə tsūlín
altitud 海拔 jǎibá
alto 高 gāo
alucinación 幻想 juànshiǎng
ama de casa 管家 guǎnchiā
amable 善良 shànliáng
amanecer 日出 rə`chū
amante 情人 chíngrə´n
amar 爱 ài
amargo 苦 kǔ
amarillo 黄色 juángsə`
ambos 两个都 liǎnggədōu
ambulancia 急救车 chíchiòu tshə¯
amigo 朋友 pə´ngyou
amor 爱情 àichíng
ampolla 起泡 chīpào
análisis de sangre 验血 yènshuě
ancho 宽 kuān
andar 走路 tsǒulù
anemia 贫血 pínshuě
anillo 戒指 chiètshə`
animal 动物 dòngù
anís estrellado 八角 bāchiǎo
anteojos 望远镜 uàngyüènching
antepasados 祖先 tshǔshiēn
antes 以前 yǐchién
antes de ayer 前天 chiéntiēn
antibióticos 抗菌素 kàngchùnsù
anticonceptivos 避孕品 biyünpǐn
antigüedad 古董 gúdǒng
antiguo 古代 gǔdài
antiséptico 消毒剂 shiāodú chì
anuncio 广告 guǎnggào
año 年 nién
aparcamiento 停车场 tíngtshə¯ tshǎng
aparcar (un automóvil) 停（车）ting (tshə¯)
apartamento 楼房 lóufáng
apartamento (en barrio popular) 楼房 lóufáng
apartamento (en un buen barrio) 公寓 gōngyù
apellido 姓 shìng

apéndice (parte del cuerpo) 阑尾 lánuěi
aperitivo 小吃 shiǎotshə̄
apodo 昵称 nitshəng
aprender 学习 shüéshí
apuesta 赌博 dǔbó
aquí 这里 tshə̀lǐ
araña 蜘蛛 tshə̄tshū
árbitro 裁判 tsáipàn
árbol 树 shù
arena 沙子 shātsə
arenque 咸鱼罐头 shiényú guàntóu
armario 大柜 dàguèi
armario (ropero) 衣柜 yīguèi
arqueología 考古学 káogǔshüé
arquitecto 建筑师 chièntshúshə̄
arquitectura 建筑学 chièntshúshüé
arrestar 扣留 kòulióu
arriba 上面 shàngmiàn
arroz (cocido) 米饭 mǐfàn
arroz (crudo) 米 mǐ
arroz (frito) 炒饭 tshǎofàn
arte 艺术 yìshu
arte prehistórico 原始艺术 yüénshǐ yìshu
artes marciales 武术 ǔshù
artesanía 手艺 shǒuyì
artista 艺术家 yìshuchiā
ascensor 电梯 dièntī
aseo 厕所 tsə̀suǒ
aseos públicos 公厕 gōngtsə̀
asesinar 杀 shā
asesino 杀人犯 shāra̓ʼn fàn
Asia 亚洲 yàtshōu
asiento 座位 tsuòèi
asiento blando 软座 rǎntsuò
asiento de niño 婴儿座 yīngə̓ʼrtsuò
asiento duro 硬座 yìngtsuò
asma 哮喘 shiàotshuǎn
aspirina 阿斯匹灵 āsə̄ʼpíling
ataque al corazón 心脏病突发 shīntshàngbìng tùfā
atún 土拿鱼 tǔná yú
audífono 助听器 tshùtīng chì
audioguía 录音导游 lùyīn dǎoyóu
Australia 澳大利亚 àodàlìyà

autobús (interurbano) 长途车 tshángtú tshə̄
autobús (urbano) 大巴 dàbā
autocar 大巴 dàbā
autoestop 搭便车 dābiènchə̄
automóvil 轿车 chiàotshə̄
autónomo 个体户 gə̀tǐjù
autopista 高速公路 gāosù gōnglù
autopista (peaje) 收费公路 shōufèi gōnglù
autoservicio 自助 tsə̀tshù
avena 燕麦片 yènmài pièn
avenida 大街道 dàchièdào
avión 飞机 féichī
avisar 警告 chīnggào
ayer 昨天 tsuótiēn
ayuda 帮助 bāngtshù
azúcar 砂糖 shātáng
azul 蓝色 lánsə̀

B

bacón 培根 péigən
bailar 跳舞 tiào ǔ
baile 舞蹈 údǎo
bajada 下坡 shiàpō
bajarse de (un tren, etc.) 下 (车) shià (tshə̄)
bajo 低 dī
bajo (de estatura) 矮 ǎi
balance (cuenta) 剩余额 shə̀ngyú ə̓
balcón 阳台 yángtái
ballet 芭蕾舞 bāléi ǔ
baloncesto 篮球 lánchióu
balonmano 手球 shǒuchióu
balonvolea 排球 páichióu
banana 香蕉 shiāngchiāo
banco (dinero) 银行 yínjáng
banda (de música) 乐队 yüè duèi
bandera 国旗 guóchí
bañador 游泳衣 yóuyǒng yī
bañera 浴缸 yǔgāng
bar 酒吧 chióubā
barajar (cartas) 发牌 fā (pái)
barato 实惠 shə̓juèi
barco 船 tshuán

barro 泥巴 níbā
basura 垃圾 lāchī
batata 地瓜 dìguā
batería 电池 dièntshə́
bautizo 洗礼 shǐlǐ
bebé 小娃娃 shiǎo uāua
beber 喝 jə̄
bebida (alcohólica) 酒料 chiǒuliào
bebida (sin alcohol) 饮料 yǐnliào
bebida de ciruela amarga 酸梅汤 suānméitāng
Beijing 北京 běichīng
béisbol 棒球 bàngchióu
Bélgica 比利时 bǐlìshə́
besar 亲 chīn
beso 亲吻 chīnuěn
Biblia 圣经 shə̀ngchīng
biblioteca 图书馆 túshū guǎn
bicicleta 自行车 tsə̀shíngchə̄
bicicleta de carreras 赛车 sàitshə̄
bicicleta de montaña 山地车 shandì chə̄
bien 很好 jə/njǎo
bienes extranjeros 洋 yáng
bienestar 福利 fúlì
bienestar social 社会福利 shə̀juèi fúlì
bienvenido 欢迎 juānyíng
billar 台球 táichióu
billete (dinero) 纸币 tshə̀bǐ
billete (pasaje) 票价 piàochià
blanco 白色 báisə̀
boca 口 kǒu
boda 婚礼 juənlǐ
bok choy 小白菜 shiǎo báitsài
bola de golf 高尔夫球 gāoərfū chióu
bolígrafo 钢笔 gāngbǐ
bollito al vapor 馒头 mántou
bolsa 包 bāo
bolsillo 口袋 kǒudài
bolso 手包 shǒubāo
bomba 打气筒 dāchǐtǒng
bombilla 灯泡 dəngpào
borracho 醉 tsuèi
bosque 森林 sənlín
botas 靴子 shuētsə

botas de montaña 步行靴子 bùshíng shuētsə
botella 瓶子 píngtsə
botiquín 急救装备 chíchiòu tshuāngbèi
botón 纽扣 niǒukòu
boxeo 拳击 chüénchí
brazo 胳膊 gə̄bo
brócoli 西兰花 shīlánjuā
bronquitis 肺炎 fèiyén
brotes de bambú 笋 suěn
brotes de guisantes 豆苗 dòumiáo
brotes de soja 豆芽 dòuyá
bucear 潜水游 chiénshuǎiyóu
Buda 大佛 dàfó
budismo 佛教 fóchiào
budista 佛教徒 fóchiào tú
bueno 好 jào
bufanda 头巾 tóuchīn
bufé 自助餐 tshə̀tshùtsān
bulto 疙瘩 gə̄da
buscar 找 tshǎo
buzón 信箱 shìnshiāng

C

caballo 马 mǎ
cabello de ángel 粉丝 fənsə̄
cabeza 头 tóu
cabina de teléfonos 公用电话 gōngyòng diènjuà
cabra 山羊 shānyáng
cacahuetes 花生 juāshəng
cacao 巧克力粉 chiǎokə̀lì fən
cacao para labios 辰膏 tshuə́ngāo
cacerola 小锅 shiǎoguō
cada 每个 měigə
cadena 连子 liéntshə
cadena (de bicicleta) 车链 tshə̄ liàn
café 咖啡 kāfēi
cafetería, bar 咖啡屋 kāfēi ū
caída 掉下 diàoshià
caja 箱子 shiāngtshə
caja fuerte 保险箱 bǎoshiěn shiāng
caja registradora 收银台 shōuyín tái
cajero 出纳 tshūnà
cajero automático 自动取款机

cal 石灰 shəˊjuēi
calabacín 西葫芦 shī júlu
calabaza 南瓜 nánguā
calcetín 袜子 uàtsəˊ
calculadora 计算器 chìsuàn chì
caldo (de pollo) 鸡汤 chītāng
calefacción 暖气 nuǎnchì
calendario (día a día) 日历 rəˋlì
calidad 质量 tshəˊliàng
caliente 热 rəˋ
calle 街头 chiētóu
callejón 胡同 jútong
calmante 止痛药 tshətòngyào
calor 热气 rəˋchì
calzoncillos 内裤 nèi kù
cama 床 tshuáng
cama de matrimonio 双人床 shuāngrəˊn tshuáng
cámara 照相机 tshàoshiàng chī
cámara (de neumático) 内胎 nèitāi
camarada 同志 tóngtshəˋ
camarero 服务员 fúù yüēn
cambiar 换 juàn
cambiar (dinero) 换钱 juànchién
cambio (monedas) 零钱 língchién
cambio de divisas 货币兑换 juòbì duèijuàn
camino 道 dào
camino (de montaña) 山路 shānlù
camión 卡车 kǎtshə̄
camisa 衬衫 tshəˋnshān
camiseta T恤 tīshù
campeonato 竞赛 chìngsài
campesino 农民 nóngmín
campiña, campo 乡下 shiāngshià
campo de cultivo 农地 nóngdì
campo de golf 高尔夫球场 gāəˊrfū tshǎng
Canadá 加拿大 chiānadà
cancelar 取消 chǔshiāo
cáncer (enfermedad) 癌症 áitshə̀ng
canción 歌曲 gə̄ˋchū
candado 锁 suǒ
candado de bicicleta 车锁 tshə̄ˉ suǒ
canela en rama 桂皮 guèipí
canguro (de niños) 保姆 báomǔ
cansado 累 lèi
cantante 歌手 gəshǒu
cantar 唱歌 tshàngɡə̄
cantonés (idioma) 广东话 guǎngdōng juà
caña de azúcar 甘蔗 gāntshə̀
capa de ozono 臭氧层 tshòu yǎng tsə̄ng
caparazón, cubierta dura 外壳 uàikəˊ
capitalismo 资本主义 tshə̄ˉ bəˊn tshǔyì
caqui 柿子 shə̀ˋtsə
cara 脸 liěn
caracol 蜗牛 uōnióu
caramelo 糖果 tángguǒ
caramelo de boda 喜糖 shītáng
cárcel 监狱 chiēnyù
cargo por servicio 服务费 fúù fèi
carne 肉 ròu
carne de ternera 牛肉 nióuròu
carné de identidad (DNI) 身份证 shənfə̀n tshə̄ng
carnicería 肉店 ròudièn
carnicero 刽子手 kuàitshə shǒu
caro 贵 guèi
carpa (pescado) 鲤鱼 lǐyú
carpintero 木匠 mùchiàng
carrera 比赛 bǐsài
carrete 胶卷 chiāochüěn
carretera/calle 道路 dàolù
carretera/calle principal 干道 gàndào
carril bici 自行车道 tshə̀shíngtshə dào
carrito 车子 tshə̄ˉtsə
carta (correo) 信 shìn
carta de recomendación 推荐(信) tuēichièn (shìn)
cartas de póquer 扑克牌 pūkəˋ pái
cartera 钱包 chiénbāo
casa 家 chiā
casa (bungaló) 平房 píngfáng
casa (villa) 别墅 biéshù
casa de huéspedes 宾馆 bīnguǎn
casa de té 茶馆 tsháguǎn
casa solariega 老家 lǎochiā
casado 已婚 yǐ juēn
casarse con, casar 结婚 chiéjuēn
cascada 瀑布 púbù

casco 头盔 tókuēi
casera, dueña de la casa 房东 fángdōng
casete 录音带 lùyīn dài
casi 差一点 tshā yīdiǎn
casino 赌博场 dǔbó tshǎng
castaña 栗子 lìtshə
catedral 大教堂 dàchiàotáng
católico 天主教 tiēntshǔchiào
cazar 打猎 dǎliè
CD CD shìdí
cebolla 洋葱 yángtsōng
celebración 庆祝会 chìngtshù juèi
celoso 嫉妒 chìdù
cementerio 坟地 féndì
cena 晚饭 uǎnfàn
cenicero 烟灰缸 yiēnjuēigāng
centímetro 厘米 límǐ
céntimo 分 fēn
centro 中心 tshōngshīn
centro comercial 商场 shāngtshǎng
centro de cuarentena 免疫站 miěnyìtshàn
centro de la ciudad 市中心 shìtshōngshīn
cepillo 头刷子 tó shuātsə
cepillo de dientes 牙刷 yáshuā
cerámica 陶器 táochì
cerca de 附近 fùchìn
cercano 近 chìn
cerdo (animal) 猪 tshū
cerdo (carne) 猪肉 tshūròu
cereza 樱桃 yīngtáo
cerillas 火柴 juǒtsái
cerrado 关门 guānmə́n
cerrado (con llave) 锁上了 suǒshàng lə
cerrar 关 guān
cerrar (con llave) 锁上 suǒshàng
cerrojo 锁 suǒ
certificado 证明 tshə̄`ngmíng
cerveza 啤酒 píchiòu
césped, hierba 草 tsǎo
cesta 篮子 lántsə
chaleco 背心 bèishīn
chaleco salvavidas 救生衣 chiòushəng yī
chalotas 小葱 shiǎo tsōng
champán 香槟 shiāngbīng
champiñón 蘑菇 mógū
champú 洗发精 shǐfàchīng
charlar 聊天 liáotiēn
chef 厨师 tshúshə̄`
cheque (bancario) 支票 tshə̄`piào
cheques de viaje 旅行支票 lǔshíng tshə̄`piào
chi (energía natural del universo) 气 chì
chicas (argot de Beijing) 姐们儿 chiěrmən
chicle 口香糖 kǒushiāngtáng
chicos (argot de Beijing) 哥们儿 gə̄`mən
chile 辣椒 làchiāo
China 中国 tshōngguó
chino (idioma) 中文 tshōngua'n
chiringuito 小卖部 shiǎo màibù
chiste 开玩笑 kāi uánshiào
chocolate 巧克力 chiǎokə`lì
chupete 奶嘴 náitsuěi
cibercafé 网吧 uǎngbā
ciclista 自行车骑手 tsə`shíng tshə̄`chí shǒu
ciego 瞎子 shiā tsə
cielo 天 tiēn
cien 百 bǎi
ciencia 科学 kə̄`shué
científico 科学家 kə̄`shué chiā
cigarrillo 香烟 shiāngyēn
cine 电影院 diènyǐngyüèn
cinta de vídeo 录像带 lùshiàng dài
cinturón de seguridad 安全带 ānchuándài
circo 杂技 tsáchì
circuito guiado 团体旅行 tuántǐ lǔshíng
ciruela 梅子 méitsə
cistitis 膀胱炎 páng guāng yén
cita 约会 yüèjuèi
cita (para conocer a alguien) 有约 yǒuyüē
ciudad 城市 tshə̄`ngshə̀`

ciudadanía 公民 gōngmín
clase (categoría) 类 lèi
clase preferente 头等舱 tóudĕng tsāng
clase turista 经济舱 chīngchì tsāng
clásico 古典 gú diĕn
cliente 客户 kə`ju
climatizado 有空调的 yŏu kōngtiáo də
club nocturno 夜总会 yètsŏngjuèi
cobrar (un cheque) 兑现 duèishièn
cocer 煮 tshŭ
coche cama 卧铺车厢 uòpù tshəshiāng
cochecito de bebé 婴儿推车 yīngə`r tuēitsha̅
cocido 煮 tshŭ
cocina 厨房 tshúfáng
cocinar 炒菜 tshăotsài
cocinero 厨子 tshútsə
cóctel 鸡尾酒 chīuéi chiŏu
código postal 邮电号码 yóudièn jàomă
cohombro de mar 海参 jăishēn
col china 菜心 tsàishīn
colchón 垫子 dièntsə
colega 同事 tóngshə`
colegio 学校 shuéshiào
colina 山丘 shānchiōu
colirio 眼药水 yĕnyàoshuĕi
collar 项链 shiánglièn
color 颜色 yénsə`
comedia 喜剧片 shīchù piēn
comer 吃饭 tshə̄`fàn
comerciante 工匠 gōngchiàng
comercio 行业 jángyè
comida (alimentos) 吃的 tshədə
comida (del mediodía) 午饭 ŭfàn
comida de bebé 婴儿食品 yīngə`r sha̅`pĭn
comienzo 开始 kāishə̄
comisaría 派出所 pàitshū suŏ
comisión 代理费 dàilĭ fèi
cómo 怎么 tshə̆nmə
cómodo 舒服 shūfu
compañero 同伙 tóngjuŏ
compartir 公用 gōngyòng

compás 指南针 tshə̆nán tshēn
completo 定满 dìngmăn
completo (hotel) 没空 méikòng
comprar 买 mài
compresa 卫生巾 uèishēngchīn
comprobar 确认 chüèrèn
comprometido (estar ... con) 订婚 dìngjuēn
comprometido (ocupado) 有事 yŏusha̅
compromiso (cita) 订婚会 dìngjuén juèi
comunicaciones 交通 chiāotōng
comunión 教会 chiàojuèi
comunismo 共产主义 gòngtshăn tshŭyĭ
comunista (miembro del partido) 党员 dăngyüén
comunista (oficial del partido) 干部 gànbu
con 跟 gən
con calefacción 有暖气 yŏu nuănchì
concierto 音乐会 yīnyuè juèi
condón 避孕套 bìyùntào
conducir 开车 kāitsha̅
conejo 兔子 tùtsə
conexión 连接 liénchiē
conferencia (grande) 会议 juèiyì
conferencia (pequeña) 会合 juèijə̄`
conferenciante, profesor, maestro 教师 chiàoshə̄`
confesión 坦白 tănbái
confianza 信用 shìnyòng
confirmar (una reserva) 确定 chüèdìng
congelado 冰冻 bīngdòng
congelar 冻结 dòngchié
conjuntivitis 结膜炎 chiémó yén
conmoción cerebral 昏迷 juēnmí
conservador 保守 băoshŏu
consigna de equipaje 行李寄存处 shínglĭ chìtsuə̄`n tshù
constructor 泥匠 níchiàng
construir 建 chièn
consulado 领事馆 lĭngshə`guăn
consumición mínima 入场费 rùtshāng fèi

ESPAÑOL - MANDARÍN

consumidor de droga 吸毒者 tshā ˉdú zhě
contaminación 污染 ūrǎn
contar 计算 chìsuàn
contratar 租赁 tsūlín
contrato 合同 jə'tong
control 监察站 chiēntshá tshàn
control remoto 遥控 yáokòng
coñac 白兰地 báilándí
Copa del Mundo 世界杯 shə'chiè bē
copón 票 piào
corazón 心脏 shīntshàng
cordel 绳子 shə'ngtsə
cordero 羊肉 yángròu
cordillera 山脉 shānmài
Corea (del Norte) 朝鲜 tshǎoshiēn
Corea (del Sur) 韩国 jánguó
coreano 朝鲜话 tshǎoshiēn juà
cornisa, alféizar 边 biēn
correcto 对 duèi
correo aéreo 航运 jángyùn
correo certificado 挂号 guàjào
correo electrónico 电子邮件 dièntsə̌ yóuchièn
correo urgente 快递(信) kuàidì (shìn)
correos 邮电 yóudièn
correr 跑 pǎo
correr *(footing)* 慢跑 mànpǎo
correspondencia 来信 láishìn
corriente (electricidad) (电)流 (dièn) líou
corriente, normal 普通 pǔtōng
corrupto 贪污 tānǔ
cortar 切 chiē
cortauñas 剪指刀 chiéntshǎ'dāo
corte (herida) 疮口 tshàngkǒu
corte de pelo 理发 lǐfà
corto 短 duǎn
cosecha 农田 nóngtién
coser (hacer ropa) 缝纫 fə'ngrə'n
coser (reparar ropa) 补 bǔ
costa 海边 jǎibiēn
coste (precio) 价格 chiàgə̌
costillas 排骨 páigǔ
costumbre 风俗 fəngsú
cráneo 头颅 tóulú

crecer 长大 tshǎngdà
crédito 信用 shìnyòng
crema (lácteos) 奶酪 nǎilào
crema hidratante 护肤膏 jùfū gāo
cremallera 拉链 lāliēn
crisantemo 菊花 chújuā
cristal 玻璃 bólí
cristiano 基督教徒 chīdū chiàotú
crudo 生 shəng
cruz (religiosa) 十字架 shə'tsə̌'chià
cual 哪个 něigə
cuando 什么时候 shə'nmə shə'jòu
cuanto 多少 duōshǎo
cuarto 四分之一 sə̌'fən tshə̌' yī
cuarto de baño 浴室 yǔshà'
cuatro estrellas (四)星级 (sə̌') shīngchí
cubertería 刀叉 dāotshā
cubo 水桶 shuéitǒn
cubo de basura 垃圾箱 lāchī shiāng
cucaracha 蟑螂 tshāngláng
cuchara 勺 sháo
cuchilla de afeitar 剃刀片 tìdāo pièn
cuchillo 刀 dāo
cuenco, bol 碗 uǎn
cuenta (factura) 账单 tshàngdān
cuenta (restaurante, etc.) 单子 dāntsə̌
cuenta bancaria 银行账户 yínjáng tshàngjù
cuento, historia 故事 gùshə
cuerda 绳子 shə'ngtsə
cuerda de tender 晾衣线 liàngyīshièn
cuerpo 身体 shēntǐ
cueva 山洞 shāndòng
¡cuidado! 小心 shiǎoshīn
cuidar 照顾 tshàogù
cuidar (a alguien) 关心 guānshīn
culpable 有罪 yǒutsuèi
cumpleaños 生日 shəngrə̌'
cupping **o tazas chinas (terapia tradicional)** 刮痧 guāshā
cura 牧师 mùshə
curry 咖喱 gālī
CV 简历 chiěnlì

D

dado 骰子 sǎitsɘ
dar 送 sòng
dar patadas, patalear, chutar 踢 tī
dátil 枣 tsǎo
de 从 tsóng
de abajo (posición) 底 dǐ
de atrás (asiento, etc.) 后 jòu
de ella 她的 tādɘ
de izquierdas 左派 tsuǒpài
de nuevo 再一次 tsài yítsɘ`
debajo 下面 shiàmièn
deber 欠 chièn
débil 弱 ruò
decidir 决定 chüédìng
decir (a alguien) 告诉 gàosu
decir (algo) 说 shuō
dedo 指头 tshɘ´tou
dedo gordo del pie 脚指头 chiǎo tshɘtou
defectuoso 有毛病 yǒu máobìng
deforestación 乱砍乱伐 luànkǎn luànfá
dejar, abandonar 辞职 tsɘ´tshɘ´
dejar entrar 允许 yǔnshǔ
delante 前面 chiénmièn
delante de 在……前面 tsài ... chiénmièn
demasiado 太 tài
democracia 民主主义 míntshǔ tshǔyì
dentista 牙医 yáyī
dentro 里面 lǐmièn
dentro de (un lugar) 在……里面 tsài ... lǐmièn
dentro de (una hora) (一个小时)以内 (yíge shiǎoshɘ´) yǐnèi
deporte 体育 tǐyǜ
deporte, atletismo 田径 tiénchīng
deportista 体育家 tǐyǚ chiā
depósito (banco) 存钱 tsuénchién
depósito (fianza) 押金 yāchīn
derecha 右边 yòubièn
derechista 右派 yòupài
derecho (carrera, profesión) 法律 fǎlǜ
derechos civiles 公民权 gōngmín chüén
derechos humanos 人权 rɘ´nchüén
derrumbarse 崩溃 bɘngkuèi
desayuno 早饭 tsǎofàn
descanso, reposo 休息 shiōushi
descendiente 后裔 jòuyī
descuento 折扣 tshɘ´kòu
desde (mayo) 从(五月) tsóng (ǔ yüè)
desear 祝愿 tshùyüèn
desierto 沙漠 shāmò
despertador 闹钟 nàotshōng
despertar (a alguien) 叫醒 chiàoshǐng
después 以后 yǐjòu
destino 目的地 mùdì dì
detallar 分项的 fɘnshiàng dɘ
detalles 细节 shichié
detrás 后面 jòumièn
detrás (posición) 后面 jòumièn
devocionario 祈祷书 chídáo shū
día 白天 báitién
día de Año Nuevo 元旦 yüéndàn
día de los trabajadores 劳动节 láodòngchié
día de Navidad 圣诞日 shɘ`ngdànrɘ`
día festivo 度假 dùchià
día nacional 国庆节 guóchìngchié
diabetes 糖尿病 tángniàobìng
diafragma (anatomía) 横隔膜 jéng gɘ´mó
diafragma (anticonceptivo) 避孕药 bìyǜn yào
diapositiva 幻灯片 juàndɘng pièn
diariamente 日常 rɘ`tsháng
diario (libreta personal) 日记 rɘ`chì
diarrea 拉稀 lāshī
diccionario 词典 tsɘ´diěn
diciembre 十二月 shɘ´ɘr yüè
diente 牙齿 yátshɘ´
dieta de adelgazamiento 减肥 chiěnféi
diferencia horaria 时差 shɘ´tshā
diferente 不同 bùtóng
difícil 困难 kuɘ`nnán
diminuto 微小 uēishiǎo

Dinamarca 丹麦 dānmài
dinero 钱 chién
dinero (en efectivo) 现金 shiènchīn
Dios 神 shə́n
dirección (orientación) 方向 fāngshiàng
dirección (para cartas, etc.) 地址 dìtshə̀
directo 直接 tshə́chiē
director 经理 chīnglī
director (cine) 导演 dáoyěn
director (negocio) 董事 dǒngshə̀
discapacitado 残疾 tsánchí
disco 迪斯科 dīshə̀kə
disco (CD-ROM) 光碟 guāng dié
discriminación 歧视 chíshə̀
discutir 吵架 tshǎochià
diseño 设计 shə̀chì
disfrutar 玩 uán
disparo 打枪 dǎchiāng
disponible 有空 yǒukòng
disquete 软盘 ruǎnpán
DIU 宫内节育器 tsəgōngnèi chiéyù chì
diversión 好玩 jǎouán
divertirse 出去玩 tshūchù uán
divorciarse 离婚 líjuən
doble 双 shuāng
docena 打 dá
documentación 证件 tshə̀ngchièn
documental 纪实片 chìshə̀ piēn
dólar (estadounidense) (美)叨 (měi) dāo
dolor 疼 tə/ng
dolor de cabeza 头疼 tóutə/ng
dolor de muelas 牙齿疼 yátshə̀tə/ng
dolor menstrual 月经痛 yuèchīng tòng
doloroso 很疼 jəntə/ng
domingo 星期天 shīngchītiēn
donde 哪里 nálǐ
dormir 睡觉 shuèichiào
dormitorio 卧室 uòshə̀
dos 两个 liǎngə̀
dos veces 两次 liǎngtsə̀
droga 大麻 dàmá

droga (ilegal) 毒品 dúpǐn
drogado 吃毒晕晕的 tshədú yūnyūndə
ducha 浴室 yǔshə̀
dueño 主人 tshǔrə́n
dulce (gusto) 甜 tién
dulce (pasteles) 甜点 tiéndiěn
durián (fruta) 榴莲 lióulién
duro 很硬 jěn yìng
DVD DVD dīuéidì

E

echar de menos 想念 shiǎngnièn
eczema 湿疹 shə̄tshěn
edad 年龄 niénlīng
edificio 楼 lóu
editor 编辑 biēnchí
editorial 出版 tshūbǎn
educación 教育 chiàoyù
EE UU 美国 měiguó
egoísta 自私 tsə̀sə̄
ejemplo 举例 chǔlì
él 他 tā
el más grande 最大 tsuèidà
el más pequeño 最小 tsuèishiǎo
el mejor 最好的 tsuèijǎo də
elección 选举 shuénchǔ
electricidad 电 dièn
elegir 选择 shuēntshə̀
ella 她 tā
ellos 他们 tāmən
embajada 大使馆 dàshə̀guǎn
embajador 大使 dàshə̀
embarazada 怀孕 juáiyùn
embarcar (avión, barco, etc.) 登 dəng
embrague 换档踏板 juàndǎng tǎbǎn
emergencia 急事 chíshə̀
empaquetar 包 bāo
emperador 皇帝 juángdì
emperatriz 皇后 juángjòu
empezar 开始 kāishə̀
empinado 陡 dǒu
empleado 职员 tshə́yuén
empleado de oficina 白领工 báilǐng gōng

empleador 老板 lǎobǎn
empresa 公司 gōngsə̄
empujar 推 tuē
(en el) extranjero 海外 jǎiuài
en, encima 在 tsài
encaje, puntilla 花边 juābiēn
encantador 有魅力 yǒu mèilì
enchufe 插头 tshātóu
encía 齿龈 tshěyín
encontrar 找到 tshǎodào
encontrarse 会见 juèichièn
energía nuclear 核发电 jə́ fādièn
enero 一月 yīyùe
enfadado 生气 shəngchì
enfermedad 疾病 chíbìng
enfermedad venérea 性病 shìngbìng
enfermera 护士 jùshə
enfermo 有病 yǒubìng
enfrente 对面 duèimièn
enorme 巨大 chùdà
ensalada 沙拉 shālā
entender 懂 dǒng
entrada 入口 rùkǒu
entrar 入场 rùtshǎng
entre 中间 tshōngchièn
entregar 递送 dìsòng
entrenador 教练 chiàolièn
entrenamiento 锻炼 duànlièn
entrevista 采访 tsǎifǎng
enviar 寄 chì
epilepsia 癫痫 diēnshién
equipaje 行李 shíngli
equipaje perdido 行李寄存 shíngli chitsuén
equipaje permitido 免费行李 miěnfèi shíngli
equipo 运动队 yùndòng duèi
equipo de buceo 潜水游设备 chiénshuěiyóu shə̀bèi
equipo, equipamiento 设备 shə̀bei
error 过失 guòshə̄
escalada de montaña 爬山 páshān
escalada en roca 攀岩 pānyén
escalar (montaña) 攀山 pānshān
escaleras 扶梯 fútī
escarcha 双 shuāng

escasez 紧缺 chíntshüē
Escocia 苏克兰 sūkə̀lán
escribir 写 shiě
escritor 作家 tsuòchiā
escuchar (a) 听 tīng
escultura 塑像 sùshiàng
ese 那个 nèigə
esgrima 剑术 chiènshù
esguince 扭伤 niǔshāng
espacio 空间 kōngchièn
espalda (cuerpo) 背 bèi
España 西班牙 shībānyá
especial 特别 tə̀bié
especialista 专家 tshuānchiā
especialista en medicina china 中医 tshōngyī
especie en peligro de extinción 临危动物 línuéi dòngù
espejo 镜子 chìngtsə
esperar 等 děng
espinaca 菠菜 bótsài
espiral contra mosquitos 蚊香 uə̄nshiāng
esposa 太太 tàitai
espuma de afeitar 剃须膏 tìshūgāo
esquí 滑雪 juáshüě
esquí acuático 滑水 juáshuěi
esquiar 滑雪 juáshüě
esquina 角 chiǎo
esta noche 今天晚上 chīntiēn uǎnshàng
(esta) semana (这个) 礼拜 (tshə̀gə) lǐbài
(esta) tarde (今天) 下午 (chīntiēn) shiàǔ
estación 车站 tshə̄tshàn
estación de autobuses 长途车站 tshǎngtú tshə̄tshàn
estación de metro 地铁站 dìtiě tshàn
estación de servicio 加油站 chiāyóu tshàn
estación de trenes 火车站 juǒtshə̄ tshàn
estadio 体育场 tǐyù tshǎng
estado civil 婚姻身份 juənyīn shənfə̀n
estafador 骗子 pièntshə

estanco 烟摊 yēntān
estantería 架子 chiàtsə
estar aburrido 闷 mən
estar averiado 坏了 juàilə
estar averiado (automóvil) 抛锚 pāomáo
estar de acuerdo 同意 tóngyì
estar de vacaciones 度假 dùchià
estar listo 做好了 tshùjàolə
estar malo, pasado 过时 guòshə
estar mareado 晕船 yūntshuán
estatua 塑像 sùshiàng
este (demostrativo) 这个 tshə`gə
este (mes) 这个 (月) tshə`gə (yüè)
este (punto cardinal) 东方 dōngfāng
(este) año (今)年 (chīn) nién
estéreo 音响 yīnshiǎng
estilo 风格 fənggə`
estómago 肚子 dùtsə
estrella 星星 shīngshing
estrellarse 撞车 tshuàngtshə¯
estreñimiento 便秘 biènmì
estropeado 坏了 juàilə
estudiante 学生 shuéshəng
estudio 工作室 gōngtsuò shə`
estúpido 愚蠢 yútshuən
etiqueta de identificación de equipaje 行李标签 shínglǐ biāochiēn
euro 欧元 ōuyüén
Europa 欧洲 ōutshōu
eutanasia 安乐死 ānlə`shə`
exactamente 确切 chüèchiè
excelente 好极了 jǎochílə
excelente 满好 mánjǎo
exceso (equipaje) 过重(行李) guòtshong (shíngli)
excluido 排除 páitshú
excursión 向导游 shiàngdǎo yóu
excursionismo 狂野 guàngyě
experiencia 经验 chīngyèn
experiencia laboral 实习 shə`shí
explotación 剥削 bōshuē
exposición 展览 tshǎnlǎn
exprés, rápido 快速 kuàisù
éxtasis (droga) 迷幻剂 míjuànchì
exterior, de fuera 外面 uàimien

extranjero 外国人 uàiguó rə'n
extraño 陌生人 mòshəngrə'n
extraño, raro 奇怪 chíguài

F

fábrica 工厂 gōngtshǎng
fachada 墙壁 chiángbì
fácil 容易 róngyì
falda 裙子 chüé`ntsə
familia 家庭 chiātíng
famoso 出名 tshūmíng
fantástico 棒 bàng
farmacéutico 药师 yàoshə`
farmacia 药房 yàofáng
farmacia (de medicina occidental) 西药房 shīyào fáng
faro 车灯 tshə`dəng
febrero 二月 ə`ryüè
fecha 日期 rə`chí
fecha de nacimiento 出生日 tshūshēngrə`
felicitación 恭喜 gōngshǐ
feliz 快乐 kuàilə`
feliz, con mucha suerte 有福气 yǒu fúchì
femenino, hembra 女性 nǚshìng
fen (medida) 分 fən
feng shui 风水 fəngshuěi
ferretería 五金店 ǔjīn dièn
ferry 渡船 dùtshuán
festival 节日 chiérə`
festival de primavera 春节 tshuənchié
ficción (novela) 虚构 (小说) shǔgòu (shiǎoshuō)
fideo de soja 豆粉 dòufən
fideos 面条 mièntiáo
fiebre 发烧 fāshāo
fiebre del heno 花粉热 juāfěn rə`
fiesta (salir de noche) 逛酒吧 guàng chiǒubā
filete (de pescado) 鱼片 yǔpièn
filete (de ternera) 排骨 páigǔ
filtrado 过滤 guòlǜ
fin de semana 周末 tshōumò
fin, final 结束 chiéshù
Finlandia 芬兰 fənlán

fino (para papel o planchas) 薄 báo
firma 签名 chiēnmíng
flor 花 juā
florista 花店 juādièn
fogón 烤箱 kǎoshiāng
folleto 说明书 shuōmíng shū
forma 形状 shíngtshuàng
fotografía (de papel) 照片 tshàopièn
fotografía (la técnica) 摄影 shə`yīng
fotógrafo 摄影家 shə`yīng chiā
fotómetro 测光表 tsə`guāng biǎo
frágil 脆弱 tsuèiruò
frambuesa 山梅 shānméi
Francia 法国 fǎguó
franela 擦布 tsābù
franqueo 邮资 yóutsə̄
freír 炒 tshǎ
frenos 车闸 tshə`tshá
fresa 草莓 tsǎoméi
fresco 新鲜 shīnshien
fresco (temperatura) 凉快 liángkuài
frío 冷 lə̌ng
frito 炸 tshà
frontera 边界 biēnchiè
fruta 水果 shuéiguǒ
fruta de la pasión 鸡蛋果 chīdàn guǒ
fruto seco 干果 gānguǒ
fuego 火 juǒ
fuera 外 uài
fuera de servicio (wc) 坏了 juàilə
fuerte 有劲 yǒuchìn
fuerte, alto (sonido, ruido) 吵 tshǎo
funeral 葬礼 tsàngǐlǐ
furgoneta 小型货运车 shiǎoshíng juòyùn tshə̄
fútbol 足球 tsúchióu
fútbol americano 美式橄榄球 měishə` gǎnlǎnchióu
fútbol australiano 澳式橄榄球 àoshə` gǎnlǎnchióu
futuro 将来 chiānglái

G

gabardina 雨衣 yǔyī
gafas 眼镜 yěnchìng
gafas (para nadar) 游泳镜 yóuyǒng ching
gafas de sol 墨镜 mòching
galería de arte 艺术馆 yìshùguǎn
galletas de la fortuna 签饼 chiēnbǐng
galletita 饼干 bǐnggān
ganador 胜利者 shə`nglìtshə̌
ganancias, beneficio 利润 lìruə`n
ganar 胜利 shə`nglì
ganar (dinero) 挣(钱) tshə`ng (chién)
ganso 鹅 ə´r
garaje 车库 tshə̄`kù
garantizado 有保证 yóu bǎotshə`ng
garganta 脖子 bótsə
gas 煤气 méichì
gasa 纱布 shābù
gasolina 汽油 chìyóu
gasolinera 汽油站 chìyóu tshàn
gastos 开支 kāitshə̄
gastroenteritis 肠胃炎 chánguèiyén
gato 猫 māo
gay (bar) 同志(吧) tóngtshə` (bā)
gemelos 双胞胎 shuāngbāo tāi
gente 人 rə`n
gente corriente 老百姓 lǎobǎishìng
gimnasia 体操 tǐtsāo
gimnasio 健美中心 chièmněi tshōngshīn
ginebra 金酒 chīnchiǒu
ginecólogo 妇科医生 fùkə̄ yīshəng
ginseng 人参 rə`nshən
girar 转身 tshuǎnshən
gobierno 政府 tshə`ngfǔ
gordo 胖 pàng
grabación 录音 lùyīn
grabador de vídeo 录像机 lùshiàng chī
grabar 磁带 tsə`dài
gracias 谢谢 shièshie
gracioso, divertido 可笑 kəˇshiào
grados (temperatura) 度 dù
gramo 克 kə`
Gran Muralla 长城 tshángtshə`ng
grande 很大 jə̌ndà
grande (para comparar) 大 dà
grandes almacenes 百货商店 bǎijuò shāngdièn
gratis 免费 miěnfèi

gravar 录 lù
grifo 水龙头 shuěilóngtóu
gripe 感冒 gǎnmào
gris 灰色 juēisə̀
gritar 喊 jǎn
grueso 厚 jòu
grupo de rock 摇滚乐队 yáoguǎn yüèduèi
grupo sanguíneo 血型 shüěshíng
guante(s) 手套 shǒutào
guapa 漂亮 piàoliang
guapo 英俊 yīngchǔn
guardarropa 寄存处 chì tsuén tshù
guardería 幼儿园 yòuə̀ryüén
guerra 战争 tshàntshəng
guía 指南书 tshə́nán shū
guía (persona) 导游 dǎoyóu
guía del ocio 娱乐指南 yǘlə̀ tshə́nán
guisante 荷兰豆 jə́lán dòu
guitarra 吉他 chítá
gusano 蚯蚓 chiōuyǐn

H

habitación 房间 fángchiēn
habitación con dos camas 双人房 shuāngrə́n fáng
habitación doble 双人房 shuāngrə́n fáng
habitación individual 单人房 dānrə́n fáng
hablar (con alguien) 谈话 tánjuà
hablar, decir 说话 shuōjuà
hace (tres días) (三天)前(sān tiēn) chién
hacer 做 tsuò
hacer, producir 制作 tshə̀`tshuò
hacer cola 排队 páiduèi
hacer la compra 逛街 guàngchiē
hacer monopatín 滑板 juábǎn
hacer *snowboard* 滑雪板 juáshüěbǎn
hacer surf 冲浪 tshōnglàng
hacia 向 shiàng
halal 清真 chīngtshən
hamaca 吊床 diàotshuáng
harina (trigo) 面粉 miènfə̌n
hasta (viernes, etc.) 一直到 yìtshə́ dào
hecho a mano 手做的 shǒutsuò də
helado 冰淇淋 bīngchílín
hepatitis 肝炎 gānyén
herbolario 中药医生 tshōngyào yīshəng
herida 疮口 tshuàngkǒu
herido 受伤 shòushāng
herir 伤害 shāngjài
hermana (la mayor) 姐姐 chiěchie
hermana (más joven) 妹妹 mèimei
hermanas 姐妹 chiěmèi
hermano 兄弟 shiōngdi
hermano (el mayor) 哥哥 gə̄`gə
hermano (más joven) 弟弟 dìdi
hermanos 兄弟 shiōngdi
hermoso 美丽 měilì
heroína 海洛因 jǎiluòyīn
herpes 带状泡疹 dàitshuàng pàotshə̄n
hielo 冰 bīng
hierba (culinaria) 香料 shiāngliào
hierba (medicinal) 药材 yàotsái
hígado 肝 gān
hija 女孩子 nǚ jáitsə
hijo 儿子 ə́rtsə
hilo 棉线 miénshièn
hinchado 肿了起来 tshónglə chǐlái
hindú 印度 yìndù
historia 历史 lìshə̌
histórico 名胜古迹 míngshə̀ng gǔchī
hockey 曲棍球 chǔguə̀n chióu
hockey **sobre hielo** 冰球 bīngchióu
hoja 叶子 yètsə
hola (al contestar el teléfono) 喂! uèi
hola (educado, Beijing) 您好! nínjǎo
hola (saludo general) 你好! nǐjǎo
hombre (humanidad) 人类 rə́`nlèi
hombre (varón) 男人 nánrə́n
hombre de negocios 商人 shāngrə́`n
hombre viejo (despectivo) 老头 lǎotóu
hombre viejo (respetuoso) 大爷 dàyé
hombro 肩膀 chiēnbǎng
homosexual 同性恋 tóngshìng lièn
Hong Kong 香港 shiānggǎng
hora 小时 shiǎoshə́

horario 时刻表 shə´kə`biāo
horario de apertura 营业时间 yíngyè shə´chiēn
hormiga 蚂蚁 máyǐ
horno 炉子 lútsə
horóscopo 星象 shīngshiàng
horrible 可怕 kəpà
hospital 医院 yīyüèn
hospitalidad 服务业 fúù yè
hostal de juventud 招待所 tshāodàisuǒ
hotel 酒店 chiǔdièn
hotel turístico 旅店 lüdièn
hoy 今天 chīntiēn
huelga 罢工 bàgōng
hueso 骨头 gútou
huevo (de gallina) 鸡蛋 chīdàn
huevo duro (huevo de té) 茶叶蛋 cháyè dàn
humanidades 文科 uénkē¯
humo 抽烟 tshōuyēn

I

ida (billete) 单程 danchə´ng
ida y vuelta (billete) 来回(票) lái juéi (piào)
idioma 语言 yǔyén
idiota 白痴 báitshə¯`
iglesia 教堂 chiàotáng
igual 一样 yíyàng
igualdad 平等 píngděng
igualdad de oportunidades 平等待遇 píngděng dàiyù
impermeable 防水 fángshuěi
importante 重要 tshòngyào
imposible 不可能 bù kəhə´ng
impresora 打印机 dǎyìnchī
impuesto 税 shuèi
impuesto sobre la renta 个人税 gə`rə´n shuèi
impuesto sobre las ventas 销售税 shiāoshòu shuèi
incluido 包括 bāokuò
incómodo 不舒服 bù shūfu
India 印度 yìndù
indicador 指标 tshəbiāo

indigestión 肚子疼 dùtshə təng
industria 工业 gōngyè
infección 感染 gǎnrǎn 发炎 - fāyén
infección de las vías urinarias 尿道感染 niàodào gǎnrǎn
inflamación 肿大 tshǒngdà
información 信息 shìnshi
ingeniería 工程学 gōngtshə´ng shué
ingeniero 工程师 gōngtshə´ng shə¯
Inglaterra 英国 yīngguó
inglés 英文 yīnguén
ingrediente 原料 yuénliào
injusto 不公平 bù gōngpíng
inmigración 移民 yímín
inocente 无辜 úgū
insecto 虫子 tshóngtsə
insolación 中暑 tshòngshǔ
instituto 中学 tshòngshué
instructor 培训员 péishùn yüén
intentar 试图 shə`tú
intento 尝试 tshángshə`
intercambio, cambio 交换 chiāojuàn
interesante 有趣 yǒuchǜ
interior, de dentro 室内 shə`nèi
intermedio, descanso 休息 shiōushi
internacional 国际 guóchì
internet 网络 uangluò
intérprete 翻译 fānyì
inundación 洪水 jóngshuěi
inusual 反常 fǎntsháng
invierno 冬天 dōngtiēn
invitación 赠(票) tsə`ng (piào)
invitar 请客 chǐngkə`
inyección 打针 dǎtsən
inyectar 注射 tshùshə`
ir 去 chǜ
ir, llegar 到 dào
ir a buscar 接来 chiēlái
ir de compras 买东西 mǎi dōngshi
ir de excursión 步行 bùshíng
Irlanda 爱尔兰 àiə¯´rlán
irritación (en las nalgas de un bebé) 尿裤疹 niàokùtsə´n
irse 离开 líkāi
isla 岛 dǎo
Israel 以色列 yǐsə`liè

J

IT (tecnología de la información) 信息技术 shìnshì chìshu
Italia 意大利 yìdàlì
itinerario 日程表 rə`chə`ng biāo
izquierda 左边 tsuǒbiēn

J

jabón 肥皂 féitsào
jamón 火腿 juó tuěi
Japón 日本 rə`bĕn
jardín 花园 juāyúen
jardín botánico 植物园 tshə`ù yúen
jardinería 养花 yǎngjuā
jardines públicos 公园 gōngyúen
jeep 吉普车 chípú chə¯
jengibre 姜 chiāng
jeringa 注射针 tshùshə`tshən
jersey 毛衣 máoyī
jet lag 时差反应 shə`tshā fǎnyìng
jīn (medida) 斤 chīn
jofaina 水盆 shuěipə`n
joven 年轻 niénchīng
joya 首饰 shǒushə`
jubilado 退休 tuèishiōu
judía 豆子 dòutsə
judías mung (rojas) 红豆 jóngdòu
judías verdes 扁豆 biěndòu
judío 犹太 yóutài
juego (deporte) 比赛 bǐsài
juego de ordenador 电子游戏 dièntsə̌ yóushì
Juegos Olímpicos 奥运会 àoyùn juèi
jueves 星期四 shīngchī sə`
juez, juzgar 法官 fǎguān
jugar 打 dǎ
juguetería 玩具店 uánchù dièn
julio 七月 chīyùè
junio 六月 liòuyùè
juntos 一起 yìchī
jurar 发誓 fāshə`

K

kelp **(tipo de alga)** 海带 jǎidài
kétchup 番茄酱 fānchié chiàng
kilo 公斤 gōngchīn
kilómetro 公里 gōnglǐ
kiwi 猕猴桃 níjóu táo
kuài (moneda RMB) 块 kuài

L

la última (semana) 上个 shànggə
laberinto 迷宫 mígóng
labios 嘴辰 tsuěitshuǎ`n
lado 旁边 pángbiēn
ladrón 小偷 shiǎotōu
lagarto 壁虎 bìjǔ
lago 湖 jú
lana 羊毛 yángmáo
lancha motora 游艇 yóutǐng
langostino 虾 shiā
lápiz 铅笔 chiēnbǐ
largo 长 tsháng
lata 罐头 guàntou
lavadora 洗衣机 shǐyī chī
lavandería 洗衣店 shǐyīdièn
lavar 洗 shǐ
laxante 泻药 shièyào
leche de soja (en polvo) 豆奶粉 dòunái fə̌n
leche de soja (fresca) 豆浆 dòuchiāng
leche de vaca 牛奶 nióunǎi
lechuga 生菜 shəngtsài
lectura 看书 kànshū
leer 读 dú
legal 法律 fǎlù
legislación 法规 fǎguēi
legumbre 豆类 dòulèi
lejos 远 yüěn
lentamente 慢慢的 mànmandə
lente 透镜 tòuchìng
lenteja 小扁豆 shiǎobiěndòu
lentes de contacto 隐形眼镜 yǐnshíng yěnchìng
lento 慢 màn
leña 木柴 mùtsái
lesbiana 女同性恋 nǚ tóngshìng lièn
libra (moneda, peso) 镑 bàng
libre 自由 tsə`yóu
librería 书店 shūdièn
libreta 笔记本 bǐchì bə̌n
libro 书 shū

DICCIONARIO

libro de conversación 语句书 yŭchùshū
licencia 执照 tshə́tshào
lichi 荔枝 lìtshə̄
líder 领导 lĭngdăo
ligero 轻 chīng
límite de velocidad 最高车速 tsuèigāo tshəsù
limón 柠檬 níngmə́ng
limonada 柠檬汁 níngmə́ng tshə
limpiar 打扫 dásăo
limpieza 清洁 chīngchié
limpio 干净 gānching
línea aérea 航空公司 jángkōng gōngshə̄
lino 亚麻布 yămá bù
linterna 手电筒 shŏudièntŏng
líquido de lentillas 隐形眼镜水 yĭnshíng yĕnching shuĕi
listo 聪明 tsōngming
litera 卧铺 uòpù
litera blanda 软卧 rănuò
litera dura 硬卧 yìnguò
litro 公升 gōngshəng
llamada a cobro revertido 对方付款 duèifāng fùkuăn
llamada directa 直播 tshə́bō
llamar 叫 chiào
llamar por megafonía 播音 bōyīn
llano 贬 biĕn
llave 钥匙 yàoshə
llegadas 进港口 chìngángkŏu
llegar 到达 dàodá
llenar, rellenar 填满 tiénmăn
lleno 满 mán
llevar 拿走 nátsŏu
llevar (puesto) 穿 tshuān
llevar en la espalda 背 bèi
lluvia 下雨 shiàyù
(lo) más cercano 最近的 tsuèichìn də
lo, la (pronombre para objetos) 它 tā
local 地方 dìfāng
loción para después del afeitado 男用香水 nányòng shiāngshuĕi
loco 疯了 fēnglə
lubricante 润滑油 ruə̀njuá yóu

lugar, sitio 地方 dìfāng
lugar de nacimiento 出生地 tshūshəng dì
lugar para representaciones (recital, etc.) 地点 dìdiĕn
lujo 奢侈 shə̄ tshə̆
luna 月亮 yùèliàng
luna de miel 蜜月 mìyùè
lunes 星期一 shīngchī yī
luz 光 guāng

M

madera 木柴 mùtsái
madre 母亲 mŭchīn
Mahjong 麻将 máchiàng
maíz 玉米 yùmĭ
mal, incorrecto 错 tsuò
maleta 旅行箱 lŭshíng shiāng
maletín 公文包 gōnguə́nbāo
malo 坏 juài
mamá 妈妈 māma
mancha de papilla 抹片检查 tsāpièn chiēntshá
mandarín 普通话 pŭtōng juà
mandarina 橘子 chútsə
mandíbula 下巴 shiàbă
mango 芒果 mángguŏ
manifestación, protesta 游行 yóushíng
manillar 车把 tshə̄ bă
mano 手 shŏu
manta 被子 bèitsə
manta (de algodón) 被褥 bèirù
manta (de lana) 毛毯 máotăn
mantel 桌布 tshuobù
mantequilla 黄油 juángyóu
manzana 苹果 píngguŏ
mañana 明天 míngtiēn
mañana por la mañana 明天早上 míngtiēn tsăoshàng
mañana por la noche 明天晚上 míngtiēn uănshàng
mañana por la tarde 明天下午 míngtiēn shiàwŭ
maotai (*vodka* chino) 茅台酒 máotái chiŏu

mapa 地图 dìtú
mapa de carreteras 交通地图 chiāotōng
maquillaje 打扮 dǎbàn
máquina 机器 chīchi
máquina de fax 传真机 tshuántshēnchī
maquinilla de afeitar 剃刀 tìdāo
mar 海 jǎi
maravillosa 奇妙 chímiào
marcapasos 心律调节器 shīnlǜ tiáochié chì
marea 潮流 tsháolióu
mareado 头昏 tóujuɐn
mareo 晕车 yǔntshaˉ
marido 丈夫 tshàngfu
mariguana 大麻 dàmá
mariposa 蝴蝶 júdié
marisco 海鲜 jǎishiēn
marrón 咖啡色 kāfēi sɐ`
martes 星期二 shīngchī ɐ`r
martillo 锤子 chuéitsɐ
marzo 三月 sānyüè
más 多 duō
más de 以上 yǐshàng
más grande 更大 gɐ`ngdà
más tarde 以后 yǐjòu
masaje 按摩 ànmó
masaje de cabeza 头按摩 tóu ànmó
masaje de pies 脚按摩 chiǎ ànmó
masaje shiatsu 经纬按摩 chīnguěi ànmó
masajista 按摩师傅 ànmó shɐˉfu
matrícula 车牌 tshaˉ`pái
matrícula del automóvil 车号 tshɐjɐo
matrimonio 婚姻 juɐnyīn
mayo 五月 ǔyüè
me, para mí 我 uǒ
mecánico 车修理师 tshɐˉ shiōulǐ shɐˉ
mechero 打火机 dá juǒchī
medalla de bronce 铜牌 tóngpái
medalla de oro 金牌 chīnpái
medalla de plata 银牌 yínpái
medallero 奖牌数 chiǎngpái shù
medianoche 午夜 ǔyè
medias 长袜 tshánguà

medicamento 药品 yàopǐn
medicamento para la tos 感冒药 gǎnmào yào
medicina (estudios, profesión) 医学 yīshüé
medicina (medicamento) 药 yào
medicina china 中药 tshōngyào
médico 医生 yīshɐn
medio ambiente 环境 juánchíng
mediodía 中午 tshōngǔ
medios de comunicación 媒体 méitǐ
meditación 静坐 chingtsuò
medusa 海蜇 jǎitshɐ'
mejillón 青蚌 chīngbàng
mejor 更好 gɐ`ngjǎo
melocotón 桃子 táotsɐ
melodía 曲调 chūdiào
melón 瓜 guā
melón amargo 苦瓜 kǔguā
melón Cantaloupe 哈密瓜 jāmì guā
mendigo 乞丐 chígài
menos 少 shǎo
mensaje 信条 shìntiáo
menstruación 月经 yüèchīng
mentiroso 骗子 pièntsɐ
menú 菜单 tsàidān
mercadillo 街市 chièshɐ`
mercado 市场 shɐ`chǎng
mercado de antigüedades 古董市场 gúdǒng shɐ`tshǎng
mermelada 果酱 guǒchiàng
mes 月 yüè
mesa 桌子 tshuōtsɐ
meseta, altiplano 高原 gāoyüén
meta, portería 目的 mùdi
metal 金属 chīnshǔ
metro (medida) 米 mǐ
metro (medio de transporte) 地铁 dìtiě
mezcla 调拌 tiáobàn
mezquita 清真寺 chīngtsɐn sɐ`
microondas (horno) 微波炉 uēibō lú
miel 蜂蜜 mīfɐng
miembro 成员 tshɐˉngyüén
miércoles 星期三 shīngchī sān

migraña 偏头疼 piēn tóutə̄ng
mijo 小米 shiáomǐ
milímetro 毫米 jáomǐ
militar 国防 guófáng
millón 百万 bǎiuàn
minuto 分钟 fəntshōng
mío 我的 uǒdə
mirador 望景台 uàngchīng tái
mirar 看 kàn
misa (católica) 礼拜 lǐbài
mitad 半个 bàngə
mochila 背包 bèibāo
moda 流行 lióushíng
módem 猫 māo
moderno 现代 shièndài
mojado 湿透 shə̄ tòu
monedas 硬币 yìngbì
Mongolia 蒙古 mə̄nggǔ
monja 尼姑 nígū
monje 和尚 jə́shang
mononucleosis 单核细胞增多症 danhə́ shibāo tshə̄ng
montaña 山 shān
montar (a caballo/moto/bicicleta) 骑 chí
montar a caballo 骑马 chímǎ
montar en bici 自行车赛 tsə̀shíngtshə̄ sài
montar en bicicleta 骑自行车 chí tsə̀shíngtshə̄
monumento 纪念碑 chinièn bēi
moquear 流鼻涕 lióu bítì
morado 紫色 tsə̀sə̀
moratón 青肿 chīngtshǒng
morder (perro) 咬 yǎo
morir 去世 chùhə̀
mosquitera 蚊帐 uə́ntshàng
mosquito 蚊子 uə́ntsə
mostaza 芥末 chièmo
mostrador (en un hotel) 柜台 guèitái
mostrador de billetes 票房 piàofáng
mostrador de facturación 登记台 dēngchì tái
mostrar, espectáculo 表演 biáoyěn

moto 摩托车 mótuō chə̄
motor 发动机 fādòngchī
MSG (glutamato monosódico) 味精 uèichīng
mucho 好多 jǎoduō
mudo 哑巴 yǎba
muebles 家具 chiāchù
muelle 弹簧 tánjuáng
muerto 死了 shəlˇə
mujer 女人 nǔrə́n
mujer de negocios 商人 shāngrə́n
mujer vieja (despectivo) 老太太 lǎotàitai
mujer vieja (respetuoso) 大妈 dàmā
multa 罚款 fákuǎn
mundo 世界 shə̀chiè
muñeca 洋娃娃 yánguāua
muñeca (parte del cuerpo) 手腕 shóuuǎn
músculo 瘦肉 shòuròu
museo 博物馆 bóù guǎn
música 音乐 yīnyuè
música folk 民谣 mínyáo
músico 音乐家 yīnyuè chiā
musulmán 穆斯林/伊斯兰教徒 mùsə̀ˉlín / yīsə̄ˉlán chiàotú
muy 很 jən

N

nacionalidad 国籍 guóchí
nada 什么都没有 shə́nmə dōu méiyǒu
nadar 游泳 yóuyǒng
naranja (color) 桔色 chúsə̀
naranja (fruta) 桔子 chútsə
nariz 鼻子 bítshə
natación 游泳 yóuyǒng
naturaleza 大自然 dà tsə̀rán
náusea 反胃 fānuèi
nauseabundo, nulo 犯规 fànguēi
náuseas matinales 晨吐症 chə́ntǔtshə̀ng
navaja 小刀 shiǎodāo
Navidad 圣诞节 shə̀ngdànchié
nebuloso 有雾 yǒuù
necesario 必要的 bìyào də
necesitar 需要 shūyào

nectarina 油桃 yóutáo
negativo 消极 shiāochí
negocios 生意 shēngyì
negro 黑色 jēisə`
neumático 轮胎 luə`ntāi
nevera 冰箱 bīngshiāng
ni, ninguno 两个都不 liănggə dōu bù
nieto 孙子 suəntsə
nieve 雪 shuě
ninguno 一个也没有 yígə yě méiyŏu
niña 女孩子 nŭjáitshə
niño 男孩子 nán jáitshə
niños 孩子们 jáitsəmən
no 不对 búduèi
no, ni 不是 búshə`
no fumador 不吸烟 bù shīyēn
noche 晚上 uănshang
Nochebuena 平安夜 píngan yè
Nochevieja 元旦除夕 yüéndàn chúshī
nombre 名字 míngtsə
nombre de pila 名子 míngtshə
norte 北边 běibiēn
Noruega 挪威 nuóuēi
nosotros 我们 uŏmən
noticias 新闻 shīnuə'n
novia 女朋友 nŭpə'ngyou
noviembre 十一月 shə'yī yüè
novio 男朋友 nánpə'ngyou
nube 云彩 yúntsăi
nublado 有云 yŏuyún
nuestro 我们的 uŏmən
Nueva Zelanda 新西兰 shīnshīlán
nuevo 新 shīn
número 号码 jàomă
número de habitación 房间号 fangchiēn jào
número de matrícula 车号 chə'jào
numero de pasaporte 护照号码 jùtshào jàomă
nunca 从来不 tsónglái bù

o

o 或者 juòtsə
objetos perdidos 遗失物 yíshə¯ ù
obra (de teatro) 剧 chù

obrero 手工 shŏugōng
obrero de fábrica 工人 gōngrə'n
observar, mirar 手表 shóubiăo
obstruido (váter) 堵塞 dŭsāi
océano 大海 dàjăi
ocio 消遣 shiāochiēn
octubre 十月 shə'yüè
oculista 眼科医生 yěnkə¯ yīshəng
ocupación 工作 gōngtsuò
ocupado 有事 yŏushə`
oeste 西 shī
oficina 办公室 bàngōng shə`
oficina de correos 邮局 yóuchú
oficina de equipaje perdido 寄存处 chìtsuén chù
oficina de turismo 旅行社 lŭshíng diēn
oficina para la seguridad pública 公安 gōngān
oído, oreja 耳朵 ăr duo
oír 听到 tīngdào
ojos 眼睛 ròuyěn
ola 海浪 jăilàng
olor, oler 味道 uèidào
olvidar 忘掉 uàngdiào
ópera (china o de Pekín) 京剧 chīngchù
ópera (occidental) 歌剧 gə¯chù
operación (médica) 手术 shŏushù
operador 操作工 tsāotsuògōng
opinión 看法 kànfă
oportunidad 机会 chīuèi
opuesto 对面 duèimiēn
oración 祈祷 chídăo
orden 顺序 shuə'nshù
ordenador 电脑 diènnăo
ordenador portátil 手提电脑 shŏutí diènnăo
orgasmo 高潮 gāotsháo
original 有创意的 yŏu tshuàngyì də
oro 黄金 juángchīn
orquesta 交响乐队 chiāoshiăng yüèduèi
oscuridad 黑暗 jēiàn
oscuro (de color) 青色 chīngsə`
ostra 蚝 jáo

otoño 秋天 chioutiēn
otro más 再一个 tsài yígə
otros, el resto 其他 chítā
ovario 卵巢 ruǎntsháo
oveja 绵羊 miényáng
oxígeno 氧气 yǎngchì
oz 声音 shēnyīn

P

pabellón 亭子 tíngtsə
padre 父亲 fùchin
padres (padre y madre) 父母 fùmǔ
pagar 付 fù
página 页 yè
pago 付款 fùkuǎn
pagoda 八角塔 bāchiáotǎ
país (nación) 国家 guóchiā
Países Bajos 荷兰 jəˇlán
pájaro 鸟 niǎo
Pakistán 巴基斯坦 bāchīsəˇtǎn
palabra 单词 dantsəˇ
palacio 宫殿 gōngdièn
palillo, mondadientes 牙签 yáchien
palillos 筷子 kuàitshə
paloma 鸽子 gəˇtsə
pan 面包 mièmbāo
pan chino con relleno (al vapor) 包子 bāotsə
pan integral 粗榖面包 tsūgǔ mièmbāo
panda 熊猫 shióngmāo
panecillo 小面包 shiāo mièmbāo
pantalones 长裤 tshángkù
pantalones (chándal) 休闲裤 shioushién kù
pantalones cortos 短裤 duǎnkù
pañal 尿裤 niàokù
pañuelo 手绢 shǒuchüen
pañuelo (desechable, de papel) 纸巾 tshəˇchīn
papá 爸爸 bàba
papaya 木瓜 mùguā
papel 纸 tshəˇ
papel higiénico 手纸 shóutshəˇ
papeleo, trámites burocráticos 手续 shǒushù
papelería 文具店 uəˇnchüdièn

papeles (documentos oficiales) 证件 tshəˇngchièn
paperas 麻疹 mátsəˇn
paquete 包裹 bāoguǒ
par 对 duèi
para siempre, eternamente 永远 yóngyüěn
parabrisas 防风屏 fángfəng píng
parada 停 tíng
parada de autobús 车站 tshəˇtshàn
parada de taxi 出租车站 tshūtshū tshəˇ tshàn
paraguas, sombrilla 雨伞 yûsan
parapléjico 残障 tsántshàng
parar 停止 tíngtshəˇ
parlamento 议会 yìjuèi
paro cardíaco 心脏病 shīntshàng bìng
parque 公园 gōngyüén
parque nacional 自然保护区 tsəˇrán bǎojù chū
parte 部分 bùfəˇn
partida de nacimiento 出生证 tshūshəngtshəˇng
partidarios 支持者 tshətshəˇtshə
partido (deportes) 比赛 bǐsài
partido (fútbol) 球赛 chióusài
partido (político) 党 dǎng
partir, salir 出发 tshūfā
pasa 葡萄干 pútáogān
pasado 过去 guòchù
pasado (el domingo ...) 前一个 chién yígə
pasado de moda 过时 guòshəˇ
pasado mañana 后天 jòutiēn
pasajero 乘客 tsəˇngkə`
pasaporte 护照 jùtshào
pasar 通过 tōngguò
Pascua 复活节 fùjuóchié
pase (permiso) 许可证 shǔkəˇtshəng
paseo 散步 sànbù
pasillo (en un avión) 走廊 tsǒuláng
paso 台阶 táichiē
pasta 意大利面 yìdàlì mièn
pasta de dientes 牙膏 yágāo
pasta de sésamo 芝麻酱 jīrma jyùng
pastel 蛋糕 dàngāo

pastelería 糕点屋 gāodiěn ū
pastilla 药片 yàopièn
pastillas para dormir 安眠药 ānmién yào
patata 土豆 tǔdòu
patinaje sobre hielo 溜冰 lioubīng
patinar 早冰 jànbīng
pato 鸭子 yātsə
pato pequinés 北京烤鸭 běichīng kǎoyā
pavo 火鸡 juǒchī
paz 和平 jə'píng
peatón 行人 shíngrə'n
pecho 乳房 rǔfáng
pecho (cuerpo) 胸 shiōng
pedal 脚凳 chiǎodə`ng
pedir (en restaurante) 点菜 diěntsài
pegamento 胶水 chiāoshuěi
peine 梳子 shūtsə
pelar 打架 dǎchià
peldaño 台阶 táichiē
película 电影 diènyǐng 影片 yǐngpièn
películas (en blanco y negro) 黑白(片) jēibái (pièn)
peligroso 危险 uéishièn
pelo 头发 tófā
pelota 球 chióu
peluquera 理发屋 lífǎ ū
pendientes 耳环 ərjuán
pene 阳具 yángchù
pensar 想 shiǎng
pensionista 退休职工 tuèishiōu tshə'gōng
pepinillos 咸菜 siéntsài
pepino 黄瓜 juánggua
pequeño 小 shiǎo
pera 梨 lí
perder 丢 diōu
perderse 迷路 mílù
perdonar 原谅 yüénliàng
perfecto 完美 uánměi
perfume 香水 shiāngshuěi
periódico 报纸 bàotshə'
periodista 记者 chìtshə'
permanecer 留在 lióutshài
permiso 许可 shúkə'

permiso de conducir 驾驶照 chiàshə̀tshào
permiso de trabajo 工作证 gōngtsuò tshə'ng
permitir 允许 yǔnshǔ
pero 但是 dànshə`
perro 狗 gǒu
perro guía 导盲犬 dǎománg chüěn
persona 人 rə'n
pesado 重 tshòng
pesar 称 chəng
pesas 哑铃 yǎlíng
pescadería 鱼摊 yǔtān
pescado 鱼 yú
pescar 钓鱼 diàoyú
peso 重量 tshòngliàng
petición 投诉 tóusù
petróleo 汽油 chìyóu
picar (en trozos menudos) 肉馅 ròushièn
picar (insecto) 叮 dīng
picnic 野餐 yětsān
pico (montaña) 山顶 shāndǐng
picor 痒 yǎng
pie 脚 chiǎo
piedra 石头 shə'tou
piel 皮肤 pífu
piel, cuero 皮革 pígə
pierna 腿 tuěi
píldora 避孕药 bìyùn yào
pimentón 青椒 chīngchiāo
pimienta 辣椒 làchiāo
pimiento 青椒 chīngchiāo
pincel 毛笔 máobǐ
pinchazo 穿孔 tshuankǒng
ping-pong 乒乓球 pīngpān chióu
pintalabios 口红 kǒujóng
pintar (trabajo) 画 juà
pintor 画家 juàchiā
pintura (obra de arte) 画画儿 juàjuàr
pinzas 镊子 nièts ə
piña 菠萝 bōluó
piojo 头虱 tóushə̄
piolet 冰槌 bīngchuéi
pipas de girasol 瓜子 guātsə̄
piruletas 棒棒糖 bàngbang táng

piscina 游泳池 yóuyǒng tshə́
piso 层 tsə́ng
pista (circuito) 田径 tiénchīng
pista de atletismo 赛场 sàitshǎng
pista de tenis 网球场 uǎngchióu tshǎng
pistacho 开心果 kāishīnguǒ
pistola 手枪 shǒuchiāng
PLA (Ejército Popular de Liberación) 解放军 chiěfāng chūn
plancha (para ropa) 熨斗 yùndǒu
planeta 星球 shīngchióu
planta 植物 tshə́'ù
plástico 塑料 sùliào
plata 银子 yíntsə
plataforma 站台 tshàntái
plato 盘子 pántshə
plato (clasificador) 盘 pán
playa 沙滩 shātān
plaza 广场 guángtshǎng
pobre 穷 chióng
pobreza 贫穷 pínchióng
poco hecho (comida) 半熟半生 bànshú bànshəng
poder 可以 kə'yǐ
poder (autoridad) 权利 chüénlì
poder (ser capaz) 能 nə́ng
poesía 诗歌 shə̄'gə
polen 花粉 juāfə́n
policía 警察 chǐngtshá
policía (persona) 警察 chǐngtshá
política 政策 tshə́ngtsə̀
político 政治家 tshə́'ngtshə̀ chiā
pollo 鸡 chī
polvo, empolvar 粉 fə́n
polvos de talco 滑石粉 juáshə́'fə́n
pomelo 柚子 yòutsə
poner 放 fàng
popular 流行 lióushíng
por (día) 每(天) měitiēn
por correo urgente (寄)特快 chì tèkuài
por la mañana (antes de comer) 上午 shàngǔ
por la mañana (después de desayunar) 早上 tsǎoshàng

por qué 为什么 uèi shə́'nmə
por vía marítima (correo) 海运 jǎiyùn
por vía terrestre (correo) 陆运 lùyùn
porcentaje 百分比 bǎifənbǐ
porque 因为 yīnuèi
porquería 垃圾 lāchī
portero 守门员 shǒumə'nyüén
posible 有可能 yóukə́'ná'ng
positivo 正 tshə'ng
postal 明信片 míngshinpièn
póster 画报 juàbào
postre 甜点 tiéndiěn
pradera 草原 tsǎoyüén
PRC (República Popular de China) 中华人民共和国 tshōngjuá rə'nmín gòngjə' guó
precio 价格 chiàgə́
precio de la entrada 票价 piàochià
precipicio 悬崖 shüényá
preferir 更喜欢 gə̀ng shǐjuān
pregunta 问题 uə̀ntí
preguntar (una pregunta) 问 uə̀n
preguntar (por algo) 求 chióu
preocupado 着急 tsháochí
preparar 准备 tshuə̌nbèi
presente (tiempo) 现在 shièntsài
presidente 总统 tsóngtǒng
presión 压力 yālì
prestar ayuda (económica, etc.) 救济 chiòuchì
prevenir 防止 fángtshə́
primavera 春天 tshuəntiēn
primer ministro 首相 shǒushiàng
primera clase 商业舱 shāngyè tsāng
primero 第一 dìyī
principal 主要 tshǔyào
prisión 监狱 chiēnyù
prisionero 罪犯 tsuèifàn
privado 私人 sə̄'rə̄'n
producir 生产 shə̄ngtshǎn
producto alimenticio 食品 shə́'pǐn
profesión, oficio 行业 jángyè
profesor 老师 lǎoshə̄
profesor de inglés 英文老师 yīnguén lǎoshə̄

profundo 深 shən
programa 节目 chiémù
prolongación (visado) (签证)延期 (chièntshəng) yénchī
prometida 未婚妻 uèijuənchī
prometido 未婚夫 uèijuənfū
pronto 快 kuài
propina 消费 shiāofèi
prostituta 妓女 chìnǚ
protección solar 防晒油 fángshài yóu
proteger 保护 bǎojù
protegido (animal, etc.) 受保护动物 shòu bǎojù dòngu
protestar 抗议 kàngyì
provisiones 预备品 yùbèipǐn
proyector 投影机 tóuyǐngchī
prueba de embarazo 妊娠试验 rə`nshən shə`yèn
pruebas nucleares 核试验 jə` shə`yèn
PSB (Oficina de Seguridad Pública) 公安局 gōngān chú
pub (bar) 酒吧 chioǔbā
pueblo 村庄 tsuəntshuāng
puente 桥 chiáo
puerta 门 mə`n
puerta (en general) 门 mə`n
puerta de embarque 登机口 dəngchī kǒu
puerto (de mar) 港口 gángkǒu
puerto (de montaña) 关口 guānkǒu
puesta del sol 日落 rə`luò
puesto de fideos 面摊 miəntān
puesto de won ton 馄饨摊 juə`nduə`n tān
pulga 跳蚤 tiàotsǎo
pulmón 肺 fèi
punto 点 diěn
puntuación 进球 chìnchióu
puntuar (un tanto) 进门 chìnmə`n
puro 纯 tshuə`n

Q

qi (energía natural del universo) 气 chì
que 什么 shə`mə
quedarse a pasar la noche 过夜 guòyè
queja 投诉 tóusù
quemado 烧焦 shāochiāo
quemadura 烧伤 shāoshāng
quemadura de sol 晒伤 shàishāng
querer 想要 shiǎngyào
queso 奶酪 nǎilào
quien 谁 shéi
quiosco 报纸摊 bàotshə`tān
quiste ovárico 卵巢脓包 ruǎntsháo nóngbāo

R

rabanito 萝卜 luóbo
rabo 尾巴 uěiba
racismo 种族歧视 tshǒngtsú chìshə`
radiador 暖气管 nuǎnchiguǎn
radio 收音机 shōuyǐnchī
raíz de arroz salvaje 茭白 chiāobái
rápido 快 kuài
raqueta 拍子 pāitsə
raro (poco frecuente) 罕见 jànchiàn
rata 老鼠 láoshǔ
ratón 耗子 jàotsə
ravioli (hervido) 饺子 chiǎotsə
ravioli (salteado) 锅贴 guōtiē
razón 原因 yúenyīn
realista 现实 shiènshə`
rebajas 大甩卖 dà shuāimài
receta 药方 yàofāng
rechazar 拒绝 chùchúe
recibo 发票 fāpiào
reciclable 可回收 kə`juéishōu
reciclar 回收 juéishōu
recientemente 最近 tsuèichìn
reclamar 抱怨 bàoyüèn
recogida de equipajes 行李领取处 shínglǐ língchǔ tshù
recomendar 推荐 tuēichièn
récord del mundo 世界纪录 shə`chièi chìlù
récord olímpico 奥运纪录 àoyùn chìlù
recto 直接 tshə`chiē
recursos humanos 人事 rə`nshə`
red 网 uǎng
redondo 圆 yúen

reembolso 退钱 tuèichién
reflexología 反射疗法 fǎnshe̊ˇ liáofǎ
refresco 汽水 chìshueǐ
refresco con sabor a lichi 荔枝汽水 lìtshåˇ chìshueǐ
refugiado 难民 nànmín
regalo 礼物 lǐù
regalo de boda 红包 jóngbāo
regional 地方性 dìfāng shìng
regla 规定 gueǐdìng
reiki 灵气按摩 língchì ànmó
reina 女王 nǚuáng
reír 笑 shiào
relación 关系 guānshi
relaciones públicas 公共关系 gōnggòng guānshi
relajarse, relajar 放松 fàngsōng
religión 宗教 tshōngchiào
religioso 宗教性的 tshōngchiào shìngda
reliquia 遗骸 yíjái
reloj 钟表 tshōngbiǎo
remo 划船 juátshuán
remoto, aislado, apartado 偏僻 piēnpì
reparar 修理 shiōulǐ
repollo, col 白菜 báitsài
repostería 法式面包 fǎshe̊ˋ mìenbāo
representación 演出 yěntshū
república 共和国 gòngjǐguó
reseña 复查 fùtshá
reserva 预定 yùdìng
reservar (hacer una reserva) 定 dìng
residuos nucleares 核废物 je̊ˋ fèiù
residuos tóxicos 有毒废物 yŏudú fèiù
respirar 呼吸 jūshi
responsabilidad (de alguien) 责任 tsərån
respuesta 答复 dáfù
restaurante 饭馆 fànguǎn
retraso 往后退 uǎngjòutuèi
retratista 画像师 juàshiàng she̊ˇ
revisor 售票员 shòupiào yüén
revista 杂纸 tsátshe̊ˇ
rey 国王 guóuáng
riachuelo 山泉 shānchüén
rico 有钱 yŏuchién

rico (para olores) 好香 jǎoshiāng
riesgo 风险 fēngshiěn
riñón 肾 she̊ˋn
riñonera 腰包 yāobāo
río 河 jəˋ
ritmo 节奏 chiétsòu
robado 偷来的 tōuláidə
robar 偷 tōu
roca 石头 she̊ˋtou
rock (música) 摇滚 yáoguǎn
rodilla 膝盖 shīgài
rojo 红色 jóngsəˋ
romántico 浪漫 làngmàn
romper 折断 tshəˇduàn
ropa 衣服 yīfu
ropa blanca 床单 tshuángdān
ropa interior 内衣 nèiyī
ropa sucia 洗 shǐ
rosa 粉色 fěnsəˋ
rotonda 圆环岛 yüénjuándǎo
rubeola 德国麻疹 də́guó mátshěn
rueda 轮子 luə̊ntsə
rugby 英式橄榄球 yīngshe̊ˋ gánlán chióu
ruidoso 吵 tshǎo
ruinas 废墟 fèishǔ
ruta 路线 lùshièn

S

sábado 星期六 shīngchī liòu
sábana 床单 tshuángdān
saber 知道 tshåˉdào
sacacorchos 螺丝开瓶器 luósəˇ kāipíng chì
sacar una foto 照相 tshàoshiàng
saco de dormir 睡袋 shueìdài
sal 盐 yén
sala de espera 等候室 děngjòu shåˋ
sala de tránsito 转机室 tshuǎnchī shåˋ
salami 香肠 shiangtshàng
salario 工资 gōngtsə
salchicha 香肠 shiangtshàng
salchicha de cerdo 香肠 shiāng tshàng
sales rehidratantes 补液盐 bǔyèyén
salida 出口 tshūkǒu

salir 出去 tshūchù
salir con 交朋友 chiāo pa‾ngyou
salir con alguien 交往 chiāouǎng
salir de compras 逛街 guàngchiē
salir de noche 晚上活动 uǎnshang huódòng
salmón 三文鱼 sānuəˊn yú
salón de belleza 美容店 měiróng dièn
salsa 浆 chiàng
salsa de chile 辣椒酱 làchiāo tshàng
salsa de ostras 蠔油 jǎoyóu
salsa de soja 酱油 chiàngyóu
salsa de tomate 番茄酱 fānchié chiàng
salsa para mojar 黄酱 juángchiàng
saltar 跳 tiào
saltear (huevo de gallina) 炒(鸡蛋) tshǎo (chīdàng)
salud 身体 shēntǐ
salvaslip 卫生巾 uèishəngchīn
sandalia 凉鞋 liángshié
sandía 西瓜 shīguā
sangre 血液 shuě yì
santo 圣人 shəˋngra‾n
sarampión 麻疹 mátshěn
sardina 咸鱼 shiényú
sarpullido 疹子 tshěntsə
SARS (síndrome respiratorio agudo severo) 非典肺炎 fēidiǎn fèiyán
sastre 裁缝 tsáifəng
sauna 洗三温暖 shǐ sānuənnuǎn
secar (ej. ropa) 晾干 liànggān
secar (el pelo) (吹)干 (tshuēi) gān
seco 干 gān
secretaria 秘书 mìshū
seda 丝绸 səˋtshóu
sediento 渴 kəˇ
seguidores 球迷 chióumí
seguir 跟随 gənsuéi
segunda clase 二等 əˋrděng
segunda mano 二手 əˋrshǒu
segundo (medida temporal) 秒 miǎo
segundo (número ordinal) 第二 diˋəˋr
seguro (de vida, etc.) 保险 báoshiěn
seguro (sin peligro) 安全 ānchuén

sello 邮票 yóupiào
semáforo 红绿灯 jónglǜdəng
semana 星期 shīngchī
semillas de calabaza 瓜子 guātsə‾
sendero 小路 shiǎolù, 步行路 bùshíng lù, 步行道 bùshíng dào
sendero de montaña 山路 shānlù
sensibilidad 感性 gǎnshíng
sensible 有理的 yóulǐdə
sensual 肉体的 ròutǐdə
sentarse 坐下 tshuòshìà
sentimientos 感性 gǎnchíng
sentir vergüenza (mucha) 尴尬 gāngà
sentir vergüenza (poca) 不好意思 bùjǎo yìshə
señal 牌子 páitsə
señalar, indicar 指 tshǐ
separar 分开的 fənkàidə
septiembre 九月 chiǒuyüè
ser (quiero ser) 当 dāng
ser más pequeño que 更小 gəˋngshiāo
serio 严肃 yénsù
serpiente 蛇 shəˊ
servicio 服务 fúù
servicio militar 兵役 bīngyì
servilleta 餐巾 tsānchīn
servilleta (de papel) 纸巾 tshěchīn
sexismo 重男轻女 tshòngnán chīngnǚ
sexo 性 shing
sexo seguro 安全性交 ānchuén shìngchiāo
sexy 性感 sìnggǔn
Shanghai 上海 shàngjǎi
shiatsu 指压按摩 tshəˇyā ànmó
si (condicional) 如果 rúgǔo
sí (afirmativo) 是 shəˋ
sida (el virus) 艾滋病毒 àitsəˉ bìngdú
sida (la enfermedad) 艾滋病 àitsəˉ bìng
siempre 每次 měitsəˋ
siguiente 下个 shiàgə
silencioso 安静 ānchìng
silla 椅子 yǐtshà
silla de montar 马鞍 mǎān

silla de ruedas 轮椅 luə'nyī
similar 类似 lèisə̄
simple 简单 chiěndān
sin 以外 yǐuài
sin plomo 无铅 úchién
sin techo 无家可归 úchiā kəguēi
sinagoga 犹太教堂 yóutài chiàotáng
Singapur 星加坡 shīngchiāpō
sintético 人造的 rə'ntsàodə
sistema de clases 阶级制度 chiēchí shə'dù
soborno 行贿 shíngjuèi
sobre (para cartas) 信封 shìnfēng
sobre (preposición) 关于 guānyú
sobredosis 过量 guòliàng
socialismo 社会主义 shə'juèi tshùyì
socialista 社会主义战士 shə'juèi tshùyì tshànshə̀
¡socorro! 救人 chiòurə'n
soja 黄豆 juángdòu
sol 太阳 tàiyáng
soldado 军人 chūnrə'n
solo 独自 dú tsə̀
solo (solamente) 只有 tsə'yǒu
soltero 单身 dānshən
sombra 影子 yǐngtsə
sombra (de árbol) 树荫 shùyìn
sombrero 帽子 màotsə
somnoliento 发困 fākuə'n
sonar 打(电话) dǎ (diènjuà)
sonrisa 微笑 uēishiào
sopa 汤 tāng
sopa won ton 混沌汤 juə'nduə'n tāng
sordo 耳聋 ə'rlóng
sorpresa 惊讶 chīngyà
souvenir 纪念品 chinièn pín
Sr. 先生 shiēnshēng
Sra. 女士 nūshə̀
Srta. 小姐 shiáochiē
su 他们的 tāmən də
suave (de color) 浅色 chiěnsə̀
subida 上坡 shàngpō
subtítulos 字幕 tsə̀'mù
suburbio 郊区 chiāochū
sucesos de actualidad 时事 shə́'shə̀
sucio 脏 tshàng

Suecia 瑞典 ruèidiěn
suegra 岳母 yüèmǔ
suegro 岳父 yüèfù
sueldo 薪水 shīnshuěi
suelo 地板 dìbǎn
suelto (monedas) 零钱 língchién
suelto, soltar 很松 jə̌nsōng
sueño 梦 mə̀ng
suerte 运气 yǜnchi
suéter 上衣 shàngyī
suficiente 足够 tsúgòu
sufrir 吃苦 tshə'kǔ
Suiza 瑞士 ruèishə̀
sujetador 胸罩 shiōngtshào
suministro de comida 预备食品 yùbèi shə'pǐn
supermercado 超市 tshāoshə̀
superstición 迷信 míshìn
sur 南 nán
suyo 他的 tādə

T

tabaco 烟丝 yēnsə̄
tabla de cocina 菜板 tsàibǎn
tabla de surf 冲浪板 tshōnglàng bǎn
tablero de ajedrez 棋盘 chípán
Taiwán 台湾 táiuān
tal vez, quizá(s) 可能 kə́hə'ng
talla (general) 大小 dàshiǎo
taller 工作室 gōngtsuòshə̀
también 也 yě
tambor (instrumento) 鼓 gǔ
tampón 棉条 miéntiáo
taoísmo 道教 dàochiào
tapón 塞子 sāitsə
tapón para los oídos 耳塞子 ə'rsàitsə
tarde 迟到 chə́'dào
tareas domésticas 家务 chiāuù
tarjeta de crédito 信用卡 shìnyòng kǎ
tarjeta de embarque 登机卡 dəngchī kǎ
tarjeta de teléfono 电话卡 diènjuà kǎ
tarro 玻璃罐头 bōlí guàntóu
tarta 馅饼 sièrbǐng
tarta de arroz 年糕 niéngāo

tasa de cambio 兑换率 duèijuàn lǜ
tasa de aeropuerto 机场税 chītshǎng shuèi
taxi 出租车 tshūtshū tshēˉ
taxímetro 表 biāo
taza 杯子 bēitsə·
té 茶 tshá
té de crisantemo 菊花茶 chújuātshá
té de jazmín 花茶 juātshá
té oolong 乌龙茶 ūlóng tshá
té verde 绿茶 lǜtshá
teatro 剧场 chūchāo
teatro 戏剧 shìchǜ
teatro de la ópera 剧场 chūchǎng
teclado 键盘 chiènpán
técnica 做法 tshuòfǎ
tejido 布料 bùliào
telefonear 打电话 dǎ diènjuà
teléfono 电话 diènjuà
teléfono móvil 手机 shǒuchī
teléfono público 公用电话 gōngyòng diènjuà
telegrama 电报 dièn bào
telenovela 肥皂剧 féitsào chù
telescopio 望远镜 uàngyüén chìng
televisión 电视 diènshə·
temperatura (fiebre) 发烧 fāshāo
temperatura (tiempo) 温度 uəndu
templado 暖和 nuǎnjuo
templo 寺庙 səˋmiào
templo (budista) 佛寺 fósəˋ
templo (taoísta) 庙 miào
temporada 季节 chìchiè
temprano 早 tsǎo
tenedor 叉子 tshātsə
tener 有 yǒu
tener dolor de estómago 肚子疼 dùtsə təˊng
tener hambre 饿 əˋ
tener prisa 忙得 mángdə
tener prisa 急忙忙 chíchímángmáng
tener un resfriado 伤风 shāngfəng
tenis 网球 uǎngchióu
tensión (arterial) 血压 shüèyā
tercero 第三 dìsān

termo 热水瓶 rəˋshuěipíng
termo de agua 热水袋 rəˋshuěi dài
ternera 牛肉 nióuròu
terremoto 地震 dìtshəˋn
terrible 可怕的 kəpǎ də
tesoro (para personas) 宝贝 bǎobèi
test 考试 kǎoshəˋ
testarudo 固执 gùtshəˊ
tetera 茶壶 tshájú
tetrapléjico 四肢障 səˋtshəˉtshàng
tía 阿姨 āyí
Tíbet 西藏 shītsàng
ticket 票 piào
tiempo (atmosférico) 气候 chìjòu
tiempo (horario) 时间 shəˊchièn
tienda 店 dièn
tienda (de campaña) 帐篷 tshàngpəˊng
tienda de deportes 体育用品店 tǐyǜ yòngpǐn dièn
tienda de fotografía 照相店 tshàoshiàng dièn
tienda de música (instrumentos) 乐器店 yüèchi dièn
tienda de productos eléctricos 电用品店 dièntsəˊyòngpǐn dièn
tienda de recuerdos 纪念品店 chìniènpǐn dièn
tienda de ropa 服装店 fútshuāngdièn
tienda de segunda mano 二手店 əˋrshǒu dièn
tienda de vinos y licores 啤酒摊 píchiǒu tān
tienda donde venden bicis 修车店 shiōutshəˉ dièn
tiendas de la Amistad 友谊商店 yǒuyì shāngdièn
Tierra (planeta) 地球 dìchióu
tierra 土地 tǔdì
tijeras 剪刀 chiěndāo
tímido 害羞 jàishiōu
timo 骗人 piènrəˋn
típico 通常 tōngtshāng
tipo 类型 lèishíng
tirar 拉 lā
tirita 疮口贴 tshuàngkǒu tiē

títulos, notas 学历 shúeìlì
toalla 毛巾 máochīn
toallita 毛巾 máochīn
toallita de cara 毛巾 máochīn
tobillo 脚踝 chiǎojuái
tocar (instrumento) 弹 tán
tocar, palpar 触摸 tshūmò
todavía (no) 还 (没有) jái (méiyǒu)
todo 一切 yíchiè 所有的 suóyǒu də
todos, cada 每次 měitsə
todos, todo el mundo 每个人 měigə rə´n
tofu 豆腐 dòufu
tomar prestado 借 chiè
tomate 西红柿 shīhóngshə`
tormenta 雷雨 léiyǔ 风暴 fēngbào
torre (电视) 塔 (diènshə`) tǎ
tortilla 炒鸡蛋 tshǎo chīdàn
tos 咳嗽 ke´sòu
tostada 烤面包 kǎo mièmbāo
trabajador extranjero 外劳 uàiláo
trabajar (de manera eventual) 打工 dǎgōng
trabajo 工作 gōngtsuò
trabajo eventual 零时工作 língshə` gōngtsuò
traducir 翻译 fānyì
traer 带 dài
traficante de droga 毒贩 dúfàn
tráfico 交通 chiāotōng
tráfico de drogas 贩毒 fàndú
traje de baño 游泳衣 yóuyǒngyī
transporte 运输 yǔnshū
tranvía 电车 dièntshə¯
trasero (parte del cuerpo) 屁股 pìgu
tratar de ligar con alguien 调情 tiáochíng
tren 火车 juǒtshə¯
tribunal (legal) 法庭 fǎtíng
triciclo 三轮车 sānlua´nchə¯
triste 郁闷 yǔmə`n
trona 高凳 gāodə`ng
trozo (clasificador) 块 kuài
tú (informal) 你 nǐ
tubo de escape 废气 fèichì

tumba 坟墓 fə´nmù
tumor 肿瘤 tshǒnglióu
turista 旅客 lǚkə`
tus, vuestros 你的 nǐdə
TV 电视 diènshə`

U

último, final 最后的 tsuèìjòudə
ultrasonido 超声检查 tahāoshēng chiǎnchá
(un) poco 一点 yìdiěn
una vez 一次 yítsə`
unidad de trabajo 单位 dānuèi
uniforme 工作服 gōngtsuò fú
universidad 大学 dàshūe
universo 宇宙 yǔtshòu
uno 一个 yígə
unos, algunos 一些 yìshiē
urgente 紧急 chǐnchí
usted (educado, Beijing) 您 nín
útil 有用的 yǒuyòng də
uvas 葡萄 pútao

V

vaca 牛 nióu
vacaciones 假期 chiàchī
vacante 空缺 kōngdə
vacío 空 kōng
vacío, desocupado 有空 yǒukòng
vacunación 免疫针 miěnyì tshēn
vagina 阴道 yíndào
vago 懒惰 lǎnduò
vagón restaurante 餐车 tsāntshə`
validar 确认 chüèrə`n
valiente 勇敢 yónggǎn
valioso 贵重 guèitshòng
valla 篱笆 líba
valle 山谷 shāngǔ
valor 实价 shə´chià
vaqueros, tejanos 牛仔裤 nióutsǎikù
varicela 水痘 shuěidòu
varios 好几个 jáo chǐgə
vaso 杯子 bēi tsə
vegetariano 吃素的 tshə¯sù də

vejiga 膀胱 pángguāng
vela 蜡烛 làtshu
velocidad 速度 sùdù
velocidad del carrete 感光度 gǎnguāngdù
velocímetro 速度表 sùdù biǎo
vena 血脉 shuěmài
vendaje 绷带 bəngdài
vender 卖 mài
venenoso 有毒 yǒudú
venir 来 lái
ventana 窗 tshuāng
ventilador 电风扇 diènfəngshàn
ver 看见 kànchièn
verano 夏天 shiàtièn
verde 绿色 lüsə`
verde mostaza 油菜 yóutsài
verdulero 菜摊 tsàitān
verdura 蔬菜 shūtsài
verdura de hoja 青菜 chīngtsài
vestíbulo 大堂 dàtáng
vestido 连衣裙 liényīchún
vestuario 更衣室 gəngyīshə`
viajar 旅游 lǚyóu
viaje 旅程 lǚshə`ng
viaje de negocios 出差 tshūtshāi
vid 攀藤 pāntə´ng
vida 生命 shəngmìng
viejo 老 lǎo
viento 风 fəng
viernes 礼拜五 lǐbài ǔ
Vietnam 越南 yüènán
vinagre 醋 tsù
vinagre de arroz (blanco) 白醋 báitsù
vino 葡萄酒 pútáo chiǒu
vino blanco 白酒 báichiǒu
viñedo 葡萄场 pútáo tshǎng
violar 强奸 chiángchien
virus 病毒 bìngdù

visado 签证 chientshə`ng
visita 拜访 bàifǎng
vista 视野 shə`yě
vitaminas 维生素 uéishəngsù
vivo 住 tshù
vodka 伏特加 fútə`chiā
volar 飞 fēi
vóley-playa 沙滩排球 shātān páichióu
volumen 声音大小 shəngyīn dàshiǎo
volver 回来 juéilái
vosotros 你们 nǐmən
votar 投票 tóupiào
vuelo 航班 jángbān

W

whisky 威士忌 uèisəchi
windsurf 滑浪風帆 juálàng fəngfán
wok 锅 guō

Y

y 和 jə`
ya 已经 yīchīng
yo 我 uǒ
yoga 瑜伽 yúchiā
yogur 酸奶 suānnǎi

Z

zanahoria 胡萝卜 júluóbo
zapatería 鞋店 shiédièn
zapatillas 拖鞋 tuōshié
zapatos 鞋 shié 鞋子 shiétshə
zodiaco 星象 shīngshiàng
zona panorámica 风景区 fəngchǐngchū
zoo 动物园 dòngù yüén
zumo 果汁 guǒtshə¯
zumo de naranja 柳橙汁 liǒutshə´ngtshə¯

Diccionario

MANDARÍN-ESPAÑOL

普通话 – 英文

El diccionario de mandarín-español está ordenado en función del número de trazos que tiene el primer carácter de la palabra. Así, el diccionario empieza con 一个 yīgə 'uno' (el carácter 一 yī tiene un trazo), y finaliza con 罐头 guàntou (罐 guàn tiene 23 trazos). Como hay muchos caracteres de primera posición que tienen el mismo número de trazos, en este sistema de clasificación los caracteres se ordenan según los radicales o determinantes, que son los elementos que indican el significado de una palabra.

一画 1 trazo

一个 yīgə uno
一无所有 yīlú suóyǒu nada
一切 yīchiè todo
一月 yīyuè enero
一直到 yìtshə dào hasta (viernes, etc.)
一起 yìchǐ juntos
一顿饭 yíduən fàn comida

二画 2 trazos

二月 əryuè febrero
二等 ərdəng segunda clase
十一月 shəyī yuè noviembre
十二月 shəər yuè diciembre
十月 shəyuè octubre
七月 chīyuè julio
人 rən humanidad
人参 rənshən jengibre
入口 rùkǒu entrada
入场费 rùtshǎng fèi consumición mínima
八月 bāyuè agosto
儿子 ərtsə hijo
九月 chīouyuè septiembre
刀 dāo cuchillo

三画 3 trazos

三月 sānyuè marzo
干 gān seco
干净 gānching limpiar
干部 gānbù oficial del partido comunista
上 shàng arriba
上衣 shàngyī suéter
工人 gōngrən operario
工作 gōngtsuò trabajo
工程师 gōngtshəng shə ingeniero
工程学 gōngtshəng shuéi ingeniería
下 (车) shiàtshə bajarse (de un tren, etc.)
下个 shiàgə siguiente (mes)
(今天) 下午 (chīntiən) shiàǔ (esta) tarde
下雨 shiàyǔ lluvia
下面 shiàmièn abajo
大 dà grande
大小 dàshiāo tamaño

四画

大夫 dàifu médico
大巴 dàbā autobús (urbano)
大米 dàmǐ arroz (crudo)
大衣 dàyī abrigo
大佛 dàfó Buda
大使 dàshə embajador
大使馆 dàshəguǎn embajada
大学 dàshuə universidad
大麻 dàmá droga
川 tshuān río
小 shǎo pequeña
小刀 shiǎodāo navaja
小心 shiǎoshīn ¡cuidado!
小吃 shiǎotshə aperitivo
小时 shiǎoshə hora
小卖部 shiǎo màibù ultramarinos, quiosco
小姐 shiáochiě señorita
小娃娃 shiǎo uāua bebé
小路 shiǎolù sendero
口 kǒu boca
口红 kǒujóng pintalabios
山 shān montaña
勺 sháo cuchara
广东话 guǎngdōng juà cantonés (idioma)
女人 nǔrən mujer
女士 nǔshə Sra.
女同性恋 nǚ tóngshìng liàn lesbiana
女性 nǔshìng hembra
女朋友 nǔpəngyou novia
女孩子 nǔjáitsə niña
已婚 yǐ juən casado
卫生巾 uèishəngchīn medias, compresas
叉子 tshātsə tenedor
广场 guángtshǎng plaza
飞 fēi volar
飞机 fēichī avión
飞机场 fēichī tshǎng aeropuerto
乡下 shiāngshià campiña

四画 4 trazos

开罐器 kāiguàn chì abrelatas
开车 kāitshə conducir
开放 kāifàng abierto
无聊 úliáo aburrido
元旦 yuēndàn día de Año Nuevo
元旦除夕 yuēndàn tshúshì Nochevieja

艺术 yìshu arte
艺术馆 yìshùguǎn galería de arte
艺术家 yìshuchiā artista
不可能 bù kənəng imposible
不对 búduèi no
不同 bùtóng diferente
不吸烟 bù shīyēn no fumador
不舒服 bù shūfu inolvidable
长 tshǎng largo
长城 tshángtshəng Gran Muralla
长途车 tshángtú tshə autocar (interurbano)
长途车站 tshángtú tshətshàn estación de autobuses
长袜 tshánguà media
长裤 tshángkù pantalones
木柴 mùtsái madera
支票 tshəpiào cheque
太阳 tàiyáng sol
比赛 bǐsài partido
五月 ǔyuè mayo
车子 tshətsə carrito
车号 tshəjào matrícula
车灯 tshədəng faros
车闸 tshəchiá frenos
车站 tshətshàn estación de autobuses
车租赁 tshə tsǔlin alquiler de automóviles
车站 tshətshàn estación
牙齿疼 yátshə̌təng dolor de muelas
牙科 yákə dentista
牙刷 yáshuā cepillo de dientes
牙膏 yágāo pasta de dientes
切 chiē cortar
止痛药 tshətòngyào calmante
少 shǎo menos
中午 tshōngǔ mediodía
中文 tshōnguən chino (idioma)
中心 tshōngshīn centro
中国 tshōngguó China
中华人民共和国 tshōngjuá rənmín gòngjə guó PRC
中医 tshōngyī especialista en medicina china
中药 tshōngyào medicina china
日本 rəbǎn Japón
日出 rətshū amanecer

日常 rətsháng diariamente
日期 rəchï fecha
日程表 rətshəng biǎo itinerario
月 yüè mes
日出 rətshū amanecer
日落 rəluò puesta de sol
水 shuěi agua
水龙头 shuěilóngtóu grifo
水果 shuéiguǒ fruta
内衣 nèiyï ropa interior
牛仔裤 nióutsài kù vaqueros
牛奶 nióunǎi leche
牛肉 nióuròu ternera
午饭 ǔfàn comida
午夜 ǔyè medianoche
气 chi chi • qi (energía natural del universo)
手 shǒu mano
手工艺 shǒu gōngyì artesanía
手工的 shǒugōng də hecho a mano
手电筒 shǒudièntǒng linterna
手包 shǒubāo bolso
手提包 shǒutíbāo cartera
手机 shǒuchï teléfono móvil
手套 shǒutào guantes
手纸 shǒutshə̌ papel higiénico
手续 shǒushü papeleo
手表 shǒubiǎo reloj
毛巾 máochïn toalla
毛衣 máoyï suéter
毛毯 máotǎn manta
斤 chïn jïn (medida)
什么时候 shənmə shòju cuando
反胃 fǎnuèi náusea
父亲 fùchin padre
从 tsóng de
父母 fùmǔ padres
火车 juǒtshə tren
火车站 juǒtshətshàn estación de trenes
火柴 juǒtshái cerillas
今天 chïntiën hoy
今天晚上 chïntiën uǎnshang esta noche
分 fən fēn (medida)
分钟 fəntshōng minuto
公斤 gōngchïn kilo

公司 gōngshə empresa
公用 gōngyòng compartir
公用电话 gōngyòng diènjuà teléfono público
公园 gōngyuén parque
公安 gōngān policía (en el país)
公安局 gōngān chú PSB
公里 gōnglǐ kilómetro
公厕 gōngtsə̀ aseos públicos
公寓 gōngyǜ apartamento (en un buen barrio)
风俗 fəngsú aduanas
风水 fəngshuěi feng shui
方向 fāngshiàng dirección
六月 liòuyüè junio
文具店 uənchǜ dièn papelería
计算器 chisuàn chi calculadora
计算机 chisuànchï ordenador
心脏 shïntshàng corazón
心脏病 shïntshàngbing afección cardíaca
为什么 uèi shənmə por qué
双边插座 shuāngbiën tshàtsuò adaptador
双人床 shuāngrən tshuáng cama de matrimonio
双人房 shuāngrən fán habitación doble
双人房 shuāngrən fang habitación con dos camas
双程(票) shuāngtshəng (piào) ida y vuelta (billete)
来回票 láijuéi piào ida y vuelta (billete)
书 shü libro
幻灯片 juàndəng pièn diapositiva

五画 5 trazos

未婚夫 uèijuənfū prometido
未婚妻 uèijuənchï prometida
去 chǜ ir
玉米 yǜmǐ maíz
打开 dǎkāi abrir
打火机 dájuǒchï mechero
打电话 dǎ diènjuà telefonear
打印机 dǎyìnchï impresora
打扫 dásǎo limpio
打扮 dǎbàn maquillaje
打针 dǎtshən inyección
凸代 gǔdài antiguo
古典 gǔdiën clásico

五画

古董 gúdǒng antigüedad
古董市场 gúdǒng shətshāng mercado de antigüedades
艾滋病 àitsəbìng SIDA
节日 chiérə festival
左边 tsuǒbiēn izquierda
右边 yòubiēn derecha
石油 shəyóu aceite
头 tóu cabeza
头巾 tóuchīn bufanda
头疼 tóutəng dolor de cabeza
头等舱 tóudəng tsāng clase business
商业舱 shāngyè tsāng primera clase
东方 dōngfāng este
北边 běibiēn norte
北京烤鸭 běichīng kǎoyā pato a la pequinesa
以上 yǐshàng en
以外 yǐuài sin
以后 yǐjòu después
目的地 mùdì dì destino
兄弟 shiōngdì hermano
叫 chiào llamar
叫醒 chiàoshǐng despertar (a alguien)
(美)叨 (měi) dāo dólar (estadounidense)
号码 jàomǎ número
电子用品店 dièntsǎ yòngpǐn dièn tienda de productos de electricidad
电子邮件 dièntsǎ yóuchièn dirección de correo
电子舞会 dièntsǎ újuèi delirar
电风扇 dièn fāngshàn ventilador
电池 dièntshə batería
电报 dièn bào telegrama
电视 dièn shə televisión
电话 dièn juà teléfono
电话卡 dièn juà kǎ tarjeta de teléfono
电梯 dièntī ascensor
电影 dièn yǐng película
电影院 dièn yǐng yuèn cine
四月 səyuè abril
生日 shəngrə cumpleaños
生意 shəngyi negocio

皮革 pígə cuero
皮箱 pishiāng maleta
付款 fùkuǎn pago
代理费 dàilǐ fèi comisión
他 tā él
他的 tā de su (de él)
乐队 yuèduèi grupo (de música)
冬天 dōngtiēn invierno
外壳 uàikə chaqueta
外国人 uàiguó rən extranjero
外面 uàimièn fuera
包 bāo bolsa, paquete
包子 bāotsə masa (al vapor)
包括 bāokuò incluido
包裹 bāoguǒ paquete
写 shiě escribir
市中心 shətshōngshīn centro de la ciudad
市场 shətshǎng mercado
白天 báitiēn día
白色 báisə blanco
半个 bàngə media
礼物 lǐù regalo
记者 chìtshə periodista
民主主义 míntshǔ tshǔyì democracia
出口 tshǔkòu salida
出去 tshǔchù salir
出发 tshǔfā salida (puerta de)
出生日 tshǔshəngrə fecha de nacimiento
出生证 tshǔshəngtshəng partida de nacimiento
出纳 tshǔnà cajero
出事 tshǔshə emergencia
出差 tshǔshāi viaje de negocios
出租车 tshǔtsū tshə taxi
出租车站 tshǔtsū tshə tshàn parada de taxi
奶奶 nǎinai abuela (paterna)
奶酪 nǎilào crema (lácteo)
加油站 jyāyǒu jùn estación de servicio
加拿大 chiānádà Canadá
发动机 fādòng chī motor
发烧 fāshāo fiebre
发票 fāpiào recibo
边界 biēnchié frontera
圣诞节 shəngdànchié Navidad
对方付款 duèifāng fùkuǎn llamada a

cobro revertido
台阶 táichiē escalera
台湾 táiuān Taiwán
母亲 mǔchin madre
幼儿园 yòuəryüén cuidar de los niños
丝绸 sətshóu seda

六画 6 trazos

买 mǎi comprar
买东西 mǎi dōngshi ir de compras
亚麻布 yàmá bù lino
交换 chiāojuàn cambio
价格 chiàgə coste, precio
休闲裤 shioushién kù pantalones
休息 shioushí intermedio
会议 juèiyì conferencia (grande)
会合 juèijə conferencia (pequeña)
传真机 tshuántshənchī máquina de fax
伤害 shāngjài herida
先生 shiēnshəng Sr.
光 guāng luz
光盘 (CD) guāngpán (shídi) CD
共产主义 gòngtshǎn tshǔyì comunismo
关 guān cerrar
关口 guānkǒu puerto (de montaña)
关门 guānmən cerrado
关闭 guānbì cercano
再一个 tsài yīgə otro
再见 tsàichièn adiós
军人 chūnrən soldado
农民 nóngmín granjero
冰 bīng hielo
冰冻 bīngdòng congelado
冰箱 bīngshiāng nevera
动物 dòngu animal
动物园 dòngù yüén zoo
危险 uēishièn peligroso
吃饭 tshəfàn comer
吃的 tshədə comida
吃素 tshəsù də vegetariano
同……一样 tóng ... yīyàng gustar
同伙 tónghjuǒ compañero
同志(吧) tóngtshə (ba) gay (bar)
同事 tóngshə colega
同性恋 tóngshing lièn homosexual
名字 míngtsə nombre

后 jòu de atrás (asiento, etc.)
后天 jòutiēn pasado mañana
团体旅行 tuántǐ lǚshíng circuito guiado
因特网 yīntəuǎng internet
回来 juéilái volver
在……上 tsài ... shàng en el extranjero
在……里面 zài ... lǐmièn en
地方 dìfang local
地址 dìtshǐ dirección
地图 dìtú mapa
地铁 dìtiě metro
地铁站 dìtiě tshàn estación de metro
地震 dìtshan terremoto
(网球)场 (uǎngchióu) tshǎng pista (de tenis)
多 duō más
她的 tādə ella
好 jǎo bueno
好香 jǎoshiāng sabroso
字幕 tsəmù subtítulos
存钱 tsuənchién depósito (banco)
孙子 suəntsə nieto
安全 ānchüén seguro
安全性交 ānchüén shìngchiāo caja fuerte
安全带 ānchüéndài cinturón de seguridad
安静 dǎonching silencioso
导游 dǎoyóu guía (persona)
年 nién año
年龄 niénlíng edad
忙得 mángda tener prisa
收费公路 shōufèi gōnglù autopista
收音机 shōuyīnchī radio
收银台 shōuyín tái caja registradora
早 tsǎo temprano
早上 tsǎoshàng mañana
早饭 tsǎofàn desayuno
有毛病 yǒu máobìng defectuoso
有约 yǒuyüē cita
有事 yǒushə ocupado
有空 yǒukòng vacante
有空调的 yóu kōngtiáo də aire acondicionado
有保证 yóu bǎotshəng garantizado
有病 yǒubìng enfermo
有暖气 yóu nuǎnchì acalorado
机场税 chītshǎng shuèi tasa

de aeropuerto
杂技 tsáchi circo
灰色 juēisə gris
爷爷 yéye abuelo (paterno)
百货商店 bǎijuò shāngdièn grandes almacenes
米 mǐ metro
米饭 mǐfàn arroz (cocinado)
红色 jóngsə rojo
纪念品 chìnièn pǐn recuerdo
纪念品店 chìniènpǐn dièn tienda de recuerdos
网吧 uǎngbā cibercafé
网球 uǎngchióu tenis
网球场 uǎngchióu tshǎng pista de tenis
羊毛 yángmáo lana
羊肉 yángròu cordero
耳朵 ǎrduo oreja, oído
老 lǎo viejo
老公 lǎogōng marido
老师 lǎoshə profesor
老百姓 lǎobǎishing gente corriente
老婆 lǎopo esposa
肉 ròu carne
肉店 ròudièn carnicería
自动取款机 tsədòng chúkuǎn chī cajero automático
自行车 tsəshíngchə bicicleta
自行车骑手 tsəshíngtshə chishǒu ciclista
自助 tsətshù autoservicio
血型 shüěshíng grupo sanguíneo
血液 shüě yì sangre
行李 shíngli equipaje
行李寄存 shíngli chìtsuən consigna de equipajes
行李领取处 shíngli língchǔ tshù recogida de equipajes
衣服 yīfu ropa
西 shī oeste
西药房 shīyào fáng farmacia
西班牙 shībānyá España
西藏 shītsàng Tíbet
许可证 sǔkətshəng permiso
过时 guòshə estropeado
过夜 guòyè pasar la noche
过重(行李) guòtshòng shíngli exceso (de equipaje)
那个 nàgə ese
那边 nàbiēn allí
防晒油 fángshài yóu protección solar

七画 7 trazos

两个 liǎngga dos
两个都 liànggədōu ambos
住宿 tshùsù alojamiento
体育用品店 tǐyù yòngpǐn dièn tienda de deportes
体育场 tǐyù tshǎng estadio
体育家 tǐyù chiā deportista
佛寺 fósə templo (budista)
佛教 fóchiào budismo
佛教徒 fóchiào tú budista
你 nǐ tú
克 kə gramo
免疫针 mièn yì tshən vacuna
免费 miènfèi gratis
免费行李 miènfèi shíngli equipaje permitido
兑现 duèishièn cobrar (un cheque)
兑换率 duèijuàn lù tipo de cambio
冷 lǎng frío
医学 yīshué medicina (estudios, profesión)
医药 yīyào medicina (medicación)
医院 yīyuèn hospital
吵 tshǎo fuerte
听 tīng escuchar
坏了 juàilə fuera de servicio
坟地 fəndi cementerio
妓女 chinü prostituta
尿布 niàokù pañal
层 tsəng piso
岛 dǎo isla
床 tshuáng cama
床单 tshuángdān ropa de cama
弟弟 dìdi hermano (más joven)
快 kuài rápido, pronto
快乐 kuàilə feliz
快递(信) kuàidì shìn urgente (correo)
怀孕 juáiyùn embarazada
我 uǒ yo • a mí
我们的 uǒmən nuestro
我的 uǒdə mi

戒指 chiètshə̄ anillo
扶梯 fútī escalera
投诉 tóusù queja
折扣 tshəkòu descuento
抗菌素 kàngchūnsù antibióticos
护士 jùshə̄ enfermera
护照 jùtshào pasaporte
护照号码 jùtshào jàomǎ número de pasaporte
扭伤 niǒushāng esguince
报纸 bàotshə̌ periódico
抛锚 pāomáo estropeado
时刻表 shəka biǎo horario
时差反应 shətshā fǎnyìng jet lag
更大 gəngdà más grande
更小 gəngshiǎo más pequeño
更好 gənghǎo mejor
更衣室 gəngyīshə̄ vestuario
来信 láishin cartas (correo)
步行 bùshíng (ir de) excursión
每(天) měitiən por (día)
每个 měigə cada
每个人 měigə rən todo el mundo
每次 měitsə cada
沙滩 shātān playa
沙漠 shāmò desierto
汽油 chèeyó gasolina
汽油站 chìyóu tshàn gasolinera
没空 méikòng lleno
狂野 guángyě excursionismo
男人 nánrən hombre
男朋友 nánpəngyou novio
男孩子 nán jáitshə niño
社会主义战士 shəjuèi tshǔyì tshànshə socialista
私人 shərən privado
纸巾 tshǎchīn pañuelos
纸币 tshə̌bì billete de banco
罕见 jànchièn raro
肚子 dùtsə estómago
肚子疼 dùtsə təng indigestión • dolor de estómago
肠胃炎 tshánguèiyén gastroenteritis
花园 juǎyüén jardín
花粉热 juǎfən rə fiebre del heno
苏克兰 sūkálán Escocia

证件 tshəngchièn identificación, papeles
词典 tsədièn diccionario
豆浆 dòuchiāng leche de soja (fresca)
豆腐 dòufǔ tofu
走廊 tsǒuláng pasillo
走路 tsǒulù andar
足够 tsúgòu suficiente
足球 tsúchióu fútbol
身份证 shənfən tshəng carné de identidad (DNI)
近 chìn cerca
这个 tshəgə este
这里 tshəlǐ aquí
进港口 chìngǎngkǒu llegadas
远 yüēn lejos
连衣裙 liényīchún vestido
连接 liénchiē conexión
迟到 tshədào tarde
邮电 yóudièn correos
邮电号码 yóudièn jàomǎ código postal
邮局 yóuchú oficina de correos
邮票 yóupiào sello
针灸 tshənchiōu acupuntura
针线 tshənshièn aguja (de costura)
阿姨 āyí tía
阿斯匹灵 āsəpíling aspirina
附近 fùchìn cercano
陆运 lùyùn por vía terrestre (correo)
饭馆 fànguǎn restaurante
饮料 yǐnliào bebida
鸡 chī pollo
鸡蛋 chīdàn huevo (pollo)

八画 8 trazos

现代 shièndài moderno
现在 shièntsài ahora
现金 shiènchín dinero en efectivo
表演 biáoyěn espectáculo
青色 chīngsə̀ oscuro (de color)
武术 ǔshù artes marciales
其他 chítā otros
取消 chǔshiāo cancelar
抽烟 tshōuyēn fumar
拉稀 lāshī diarrea
拉链 lālièn cremallera
事故 shəgù accidente
卧室 uòshə̀ habitación

八画

卧铺车厢 uòpù tshəshiāng coche cama
直接 tshəchiē directo
直播 tshəbō marcación directa
苦 kǔ amargo
性 shìng sexo
英文 yīnguén inglés
英文老师 yīnguén lǎoshə profesor de inglés
英国 yīngguó Inglaterra
英俊 yīngchùn guapo
雨伞 yǔsǎn paraguas
雨衣 yǔyī gabardina
杯子 bēitsə taza
枕头 shěntóu almohada
画 juà pintar (trabajo)
画儿 juàjuàr pintura (obra de arte)
画家 juàchiā pintor
厕所 tsəsuǒ aseo
矿泉水 kuàngchuén shuěi agua mineral
转机室 tshuǎnchī shə sala de tránsito
软卧 rǎnuò litera blanda
软座 rǎntsuò asiento blando
软盘 ruǎnpán disquete
轮车 lúntshə silla de ruedas
轮胎 tshəlún rueda
欧元 ōuyuén euro
欧洲 ōutshōu Europa
到 dào ir
垃圾 lāchī basura
垃圾箱 lāchī shiāng cubo de basura
周末 tshōumò fin de semana
味道 uèidào olor
咖啡 kāfēi café
咖啡色 kāfēi sə marrón
咖啡屋 kāfēi ū café
国际象棋 guóchì shiàngchí ajedrez (occidental)
国家 guóchiā país (nación)
明天 míngtiēn mañana
明天下午 míngtiēn shiàù mañana por la tarde
明天早上 míngtiēn tsǎoshàng mañana por la mañana
明天晚上 míngtiēn uǎnshàng mañana por la noche
明信片 míngshinpièn postal
朋友 pəngyou amigo

服务 fúù servicio
服务员 fúù yuén camarero
服务费 fúù fèi cargo por servicio
服装店 fútshuāngdièn tienda de ropa
肥皂 féitsào jabón
图书馆 túshū guǎn librería
账单 tshàngdān cuenta (bancaria)
账单 tshàngdan cheque
钓鱼 diàoyú pesca
刮脸 guāliěn afeitar
刮痧 guāshā terapia con ventosas
季节 chìchié estación
岳父 yuèfù suegro
岳母 yuèmǔ suegra
昏迷 juanmí conmoción
货币兑换 juòbì duèijuàn cambio de divisas
往后退 uàngjòutuèi retraso
炒 tshǎo frito
炒菜 tshǎotsài cocinar
贪污 tānù corrupto
鱼 yú pescado
鱼摊 yútān pescadería
狗 gǒu perro
京剧 chīngchù ópera (china o de Pekín)
夜总会 yètsǒngjuèi club nocturno
店 dièn tienda
废墟 fèishū ruinas
闹钟 nàotshōng despertador
定 dìng reserva
定满 dìngmǎn lleno
宝贝 bǎobèi niño
实惠 shajuèi barato
空 kōng vacío
空房 kōngfáng vacante
法国 fǎguó Francia
法律 fǎlù derecho (estudios, profesión)
注射针 tshùshə tshən aguja (jeringuilla)
浅色 chiēnsə claro (color)
单人 dānrən soltero
单人房 dānrən fáng habitación individual
单子 dantsə cuenta (restaurante, etc.)
单程 danchəng ida (billete)
学生 shuéshəng estudiante
招待所 tshāodài suǒ albergue juvenil

房东 fángdōng casera
房地产公司 fángditshǎn gōngsə agencia estatal
房间 fángchiēn habitación
房间号 fángchiēn jào número de habitación
肩膀 chiēnbǎng hombro
衬衫 tshənshān camisa
视野 shəyě vista
建筑师 chièntshúshə arquitecto
建筑学 chièntshúshúé arquitectura
录像机 lùshiàng chī grabador de vídeo
录像带 lùshiàng dài cinta de vídeo
妹妹 mèimei hermana (más joven)
姐姐 chiěchie hermana (mayor)
姓 shing apellido
驾驶照 chiàshətshào permiso de conducir
织 tshə papel
经纬按摩 chīngwěi ànmó masaje shiatsu
经济舱 chīngchi tsāng clase turista

九画 9 trazos

春天 tshuəntiēn primavera
毒品 dúpǐn droga (ilegal)
玻璃杯 bōlí bēi vaso
玻璃 bōli vidrio
帮助 bāngtshù ayuda
帮 bāng ayudar
城市 tshəngshə ciudad
项链 shiènglièn collar
指头 tshətou dedo
指南书 tshənán shū guía
按摩 ànmó masaje
按摩师傅 ànmó shəfu masajista
垫子 dièntshə colchón
指 tshə señalar
政治 tshəngtshə política
胡同 jútong callejón
药片 yàopièn pastilla
药方 yàofāng receta
药师 yàoshə farmacéutico
药房 yàofáng farmacia
药品 yàopǐn medicamento
茶馆 tsháguǎn casa de té
南 nán sur
要紧 yàochǐn urgente

树荫 shùyin sombra
迷路 mìlu perderse
厘米 límǐ centímetro
残疾 tshánchí discapacitado
面包 mièmbāo pan
面摊 mièntān puesto de fideos
面条 mièntiáo fideos
轻泻药 chīngshiè yào laxante
轻 chīng ligero
背 bèi espalda
背包 bèibāo mochila
背面 bèimien detrás
尝试 chángshə intentar
T恤 tishù camiseta
星加坡 shīngchiāpō Singapur
星期 shīngchī semana
星期一 shīngchī yī lunes
星期二 shīngchī ər martes
星期三 shīngchī sān miércoles
星期四 shīngchī sə jueves
星期五 shīngchī ǔ viernes
星期六 shīngchī lioù sábado
星期天 shīngchītiēn domingo
哪里 nálǐ dónde
哪个 nǎge cuál
是 shə sí
昨天 tshuótièn ayer
贵 guèi caro
罚款 fákuǎn multa
贵重 guèitshòng valioso
钥匙 yàoshə llave
钢笔 gāngbǐ bolígrafo
重 tshòng pesado
重要 tshòngyào importante
香烟 shiāngyēn cigarrillo
香港 shiānggǎng Hong Kong
秋天 chioūtiēn otoño
科学 kəshué ciencia
科学家 kəshué chiā científico
复活节 fùjuóchié Pascua
饺子 chiǎotsə masa (cocida)
便秘 bìenmi estreñimiento
保险 bǎoshiěn seguro
修理 shioūli reparar
信 shin carta (correo)
信用 shinyòng crédito
信用卡 shinyòng kǎ tarjeta

十画

信条 shìntiáo mensaje
信息 shìnshí información
信息技术 shìnshí chìshù IT (tecnología de la información)
信箱 shìnshiāng buzón
很硬 jěn yìng duro
律师 lǜshə abogado
很疼 jěntəng doloroso
食品 shəpǐn ultramarinos
受伤 shòushāng herido
独一个人 dú yīgə rən solo
急救车 chíchiòu tshə ambulancia
急急忙忙 chíchí mángmang ocupado
急救装备 chíchiòu tshuāngbèi botiquín
临时保姆 linshə báomǔ canguro (para niños)
亭子 tíngtshə pabellón
疮口 tshuàngkǒu corte
度假 dùchià vacaciones
音乐会 yīnyuè juèi concierto
音乐 yīnyuè música
音像店 yīnshiàng dièn tienda de música
皇帝 juángdi emperador
皇后 juángjòu emperatriz
美丽 mèili guapo
姜 chiāng jengibre
美国 měiguó EE UU
首饰 shǒushə joyería
前一个 chién yīgə último
前天 chiéntiēn antes de ayer
宫殿 gōngdièn palacio
客户 kəju cliente
洪水 jóngshuěi inundación
洋 yáng (bienes) extranjeros
洗 shǐ lavar
洗衣店 shǐyī dièn lavandería
洗衣服 shǐ yīfu lavandería
洗衣机 shǐyī chī lavadora
测光表 tsəguāng biǎo fotómetro
派出所 pàitshū suǒ comisaría
剃刀 tidāo maquinilla de afeitar
剃刀片 tidāo pièn cuchilla de afeitar
语言 yǔyén idioma
语句书 yǔchùshū guía de conversación
祖先 tshǔshiēn antepasados
说明书 shuōmíng shū folleto
退休职工 tuèishiōu tshəgōng pensionista
退钱 tuèichién reembolso
孩子们 jáitsəmən niños

十画 10 trazos

换 juàn cambio
换钱 juànchién cambiar (dinero)
热 rə caliente
热气 rəchi calor
热水瓶 rəshuěipíng termo
热水袋 rashuèi dài bolsa de agua caliente
哥哥 gəgə hermano (mayor)
恭喜 gōngshǐ felicitaciones
荷兰 həlán Países Bajos
桥 chiáo puente
粉色 fěnsə rosa
夏天 shiàtiēn verano
党员 dǎngyuén comunista (miembro del partido)
轿车 chiàochə automóvil
晒伤 shàishāng quemadura de sol
晕车 yūnchə mareo
晚上 uǎnshàng noche
晚上活动 uǎnshàng juódòng salir de noche
晚饭 uǎnfàn cena
胳膊 gəbo brazo
胶卷 chiāochǔen carrete
胸 shiōng pecho
脆弱 tsuèiruò frágil
脏 tsāng sucio
钱 chién dinero
钱包 chiénbāo cartera
铅笔 chiēnbǐ lápiz
乘客 tshəngkə pasajero
租赁 tshūlín alquilar
透镜 tòuching lente
预定 yùding reserva
饿 ə estar hambriento
笔记本 bǐchì běn cuaderno
健身房 chièn shən fáng gimnasio
烟丝 yēnshə tabaco
烤面包 kǎo mièn bāo tostada
烧伤 shāoshāng quemadura

烧焦 shāochiāo quemado
爱 ài amar
爱尔兰 àiàrlán Irlanda
爱情 àichíng amor
逛酒吧 guàng chiǒubā fiesta
浆油 chiàngyóu salsa de soja
离开 líkāi salida
离婚 líjuan divorciado
高 gāo alto
高尔夫场 gāoěrfu chǎng campo de golf
高速公路 gāosù gōnglù autopista
准时 tshuānshə puntual
座位 tsuòuèi asiento
病 bìng enfermo
疼 tang dolor
旁边 pángbiēn al lado de
站台 tshàntái plataforma
资本主义 tsəbǎn tshǔyì capitalismo
旅行支票 lǚshíng tshəpiào cheques de viaje
旅行社 lǚshíng shə agencia de viajes
旅店 lǚdièn hotel turístico
旅程 lǚchəng viaje
航运 jángyùn (correo) por avión
航空公司 jángkōng gōngsə aerolínea
航班 jángbān vuelo
家 chiā hogar
家具 chiāchù mueble
家庭 chiātíng familia
宾馆 bīnguǎn casa de huéspedes
酒吧 chiǒubā bar
酒店 chiǒudièn hotel
酒 chiǒu bebida (alcohólica)
酒精 chiǒuchīng alcohol
消毒剂 shiāodúchì antiséptico
消费 shiāofèi propina
海 jǎi mar
海外 jǎiuài en el extranjero
海关 jǎiguān aduanas (inmigración)
海运 jǎiyùn por vía marítima
浴室 yǔshə cuarto de baño, ducha
浴缸 yǔgāng bañera
润滑油 ruənjuá yóu lubricante
(电) 流 (dièn) líou corriente (electricidad)
递送 dìsòng entregar
浪漫 làngmàn romántico

瓶子 píngtsə botella
逛街 guàngchiē ir de compras
谁 shéi quien
袜子 uàtsə calcetines
剧 chù obra (teatro)
剧场 chùshǎng teatro
展览 tshǎnlǎn exposición
陶瓷 táotsə cerámica
娱乐指南 yùlə tshǎnán guía del ocio
预备食品 yùbèi shəpǐn suministro de comida

十一画 11 trazos

理发 lǐfá corte de pelo
理发屋 lǐfá ū peluquero
推荐 tuēichièn recomendar
博物馆 bóù guǎn museo
票 piào billete
票价 piàochià precio de la entrada, tarifa
票房 piàofáng oficina de billetes
黄色 juángsə amarillo
黄金 juángchīn oro
剪刀 chiēndāo tijeras
剪指甲刀 chièntshəchiā dāo cortauñas
菊花 chújuá crisantemo
菜单 tsàidān menú
营业时间 yíngyè shəchiēn horario de apertura
非典肺炎 fēidiěn feiyén SARS
雪 shuē nieve
救人 chiòurən ¡para!
厨子 tshútsə cocinero
厨房 tshúfáng cocina
奢侈 shatshǐ lujo
插头 tshātóu enchufe
帽子 màotsə sombrero
喝 jə bebida
啤酒 píchiǒu cerveza
啤酒摊 píchiǒu tān tienda de vinos y licores
眼睛 yěnching ojos
眼镜 yěnching gafas
累 lèi cansado
脖子 bótsə garganta
脚 chiǎo pie
脚踝 chiǎojuái tobillo
脸 liěn cara

野餐 yětsān picnic
银 yín plata
银行 yínjáng banco
银行账户 yínjáng tshàngjù cuenta bancaria
甜 tién dulce
剩余额 shèngyú ə balance
停(车) tíngtshə aparcar (un automóvil)
您 nín usted
假期 chiàchī vacaciones
领事馆 língshəguān consulado
象棋 shiàngchí ajedrez (chino)
猪肉 tshūròu cerdo
猫 māo módem
毫米 jáomǐ milímetro
痒 yǎng picor
麻将 máchiàng Mahjong
商人 shāngrən persona de negocios
商场 shāngtshǎng centro comercial
偷来的 tōulái də robado
船 tshuán barco
奥运会 àoyùn juèi Juegos Olímpicos
盘 pán plato (con comida)
盘子 pántsə plato
寄存处 chitsuəntshù guardarropa, objetos perdidos
寄特快 chì təkuài (por) correo urgente
清洁 chīngchié limpieza
清真 chīngchən halal
清真寺 chīngchən sə mezquita
隐形眼镜 yǐnshíng yěnchíng lentes de contacto
绷带 bəngdài vendaje
绿色 lǜsə verde
骑马 chímǎ montar a caballo
骑自行车 chí tsəshíngtshə montar en bici

十二画 12 trazos

搭便车 dā bièntsə autoestop
裁缝 tsáifəng sastre
超市 tshāoshə supermercado
越南 yuènán Vietnam
朝鲜 tshǎoshiēn Corea (del Norte)
葡萄酒 pútào chiǒu vino
韩国 jánguó Corea (del Sur)
棉条 miéntiáo tampón
森林 sənlín bosque

硬币 yìngbì monedas
硬卧 yìnguò litera dura
硬座 yìngtsuò asiento duro
确认 chüèran validar
确定 chüèding confirmar (una reserva)
紫色 tsǎsə morado
最大 tsuèidà el más grande
最小 tsuèishiǎo el más pequeño
最后的 tsuèijòudə último
最好的 tsuèijǎo də mejor
最近 tsuèichìn el más cercano
最高车速 tsuèigāo tshəsù límite de velocidad
晾干 liànggān secar (ropa)
遗失物 yíshə ù objetos perdidos
黑白(片) jēibái (piēn) blanco y negro (película)
黑色 jēisə negro
黑暗 jēi àn oscuro
锁 suǒ candado
锁上 suǒshàng cerrar (con llave)
锁上了 suǒshàng lə estar cerrado
锅 guō wok
锅贴 guōtiē masa (frita)
等 děng esperar
等候室 děngjòu shə sala de espera
街头 chiétóu calle
街市 chiēshə mercadillo
舒服 shūfu cómodo
短 duǎn corto
短裤 duǎnkù pantalones cortos
窗 tshuāng ventana
湖 jú lago
温度 uəndu temperatura
渴 kǎ sediento
滑雪 juáshüě esquiar
渡船 dùtshuán ferry
游泳 yóuyǒng nadar
游泳池 yóuyǒng tshə piscina
游泳衣 yóuyǒng yī bañador
普通话 pǔtōng juà mandarín
道教 dàochiào taoísmo
道路 dàolù carretera
裙子 chüéntsə falda
谢谢 shièshie gracias
登 dəng embarcar (avión, barco, etc.)
登记台 dəngchi tái (mostrador) de

facturación
登机卡 dēngjīkǎ tarjeta de embarque

十三画 13 trazos

摄影 shèyǐng fotografía
摄影家 shèyǐng jiā fotógrafo
摇滚乐 yáogǔnyuè rock (música)
蒙古 měnggǔ Mongolia
蓝色 lánsè azul
零钱 língchién cambio (monedas)
楼 lóu edificio
楼房 lóufáng apartamento (en barrio popular)
感光度 gǎnguāngdù velocidad de carrete
感冒 gǎnmào gripe
感冒药 gǎnmào yào medicina contra la tos
感染 gǎnrǎn infección
感谢 gǎnshiè agradecido
碗 uǎn cuenco
暖气管 nuǎnchì guǎn radiador
照片 tshàopièn fotografía
暖和 nuǎnjuo templado
照相 tshàoshiàng sacar una foto
照相机 tshàoshiàng chī cámara fotográfica
睡觉 shuèichiào dormir
睡袋 shuèidài saco de dormir
腿 tuěi pierna
跳舞 tiàoǔ bailar
矮 ǎi bajo (estatura)
筷子 kuàitse palillos
签证 chiēntshang visado
微波炉 uēibō lú horno microondas
解放军 chiěfàng chūn Ejército Popular de Liberación (PLA)
煤气 méichí gas (para cocinar)
遥控 yáokòng control remoto
新 shīn nuevo
新西兰 shīnshīlán Nueva Zelanda
新闻 shīnuan noticias
新鲜 shīnshièn fresco
塑像 sùshiàng escultura
塞子 sāitsɘ tapón
满 mǎn lleno

十四画 14 trazos

碟子 diétsɘ disco (CD-ROM)
磁带 tsɘdài cinta
榜 bàng fantástico
慢慢的 mànmandɘ despacio
墨镜 mòching gafas de sol
舞蹈 údǎo baile
辣椒 làchiāo chile
辣椒酱 làchiāo chiàng salsa de chile
鼻子 bítsɘ nariz
演出 yěntshū representación
演员 yěnyuén actor
蜜月 mìyuè luna de miel
熊猫 shióngmāo panda

十五画 15 trazos

蔬菜 shūtsài verdura
醉 tsuèi borracho
鞋 shié zapato
鞋店 shiédièn zapatería
膝盖 shīgāi rodilla
镊子 niètsɘ pinzas
镑 bàng libra (moneda, peso)
箱子 shiāngtsɘ caja
德国 dɘguó Alemania
摩托车 mótuō tshɘ moto
颜色 yénsɘ color
澳大利亚 àodàlìyà Australia

十六至二十三画 de 16 a 23 trazos

橙色 tshɘngsɘ naranja (color)
糖尿病 tángniàobìng diabetes
赠(票) tshàng (piào) invitación
穆斯林/伊斯兰教徒 mùsɘlín / yīsɘlán chiàotú musulmán
避孕套 bìyùntào condón
餐巾 tsānchīn servilleta
餐车 tsāntshɘ vagón restaurante
翻译 fānyì intérprete, traductor
警察 chǐngchá policía, oficial de policía (de ciudad)
罐头 guàntou lata

Índice

Algunos temas se tratan en varios apartados de la guía. En ese caso, el número de la página más relevante figura en negrita.

A

abreviaturas	3
accidentes	162
actividades al aire libre	156
adjetivos (gramática)	18
aduanas	62
adverbios de tiempo (gramática)	29
agradecer	74, 77, **112**
alergias	**170**, 196
alfabeto romano	16
alojamiento en casas particulares	76
alojamiento	66
alquiler (alojamiento)	76
alquiler (bicicleta)	58
alquiler (coche y taxi)	56
alquiler (equipamiento deportivo)	154
alquiler de coches	56
ambulancia	162
amigos, dirigirse a	116
amor	144
animales	159
arte	103
artes marciales	150, 155
artículos (gramática)	19
ascensor	**71**, 107
asientos (restaurante)	109, **178**, 179
asientos (transporte)	45, 49
asistencia médica	166
autobús	44, **52**
avión	44, **51**
ayuda (emergencias)	162

B

banco	63, **95**
bar (beber)	135, 187, **189**
barco	44, 47, **54**
bebidas alcohólicas	187
bebidas	185, 187
besar	141

bicicleta	58
billetes (transporte)	46

C

café	**186**, 187
caja fuerte	71
cajero automático	96
calendario	39
calle (diagrama)	65
cámara	84
cambiar dinero	71, **95**
cambio de moneda	96
caminar (senderismo)	156
camping	75
canguros	109
cantidades	**37**, 193
caracteres	7, **17**, 48
carreras	118
chalecos salvavidas	54
cheques (restaurante)	184
cheques de viaje	94
cheques	79, 81, **94**
chinglés	7
Chino estándar moderno	7, 11
ciclismo	58
cine	126
circuitos	104
citas	97, 138
clasificadores (gramática)	20
cocina	182, 194
comer fuera	176
comida callejera	177, 184, 188
comida *halal*	197
comida *kosher*	197
comida vegetariana	196
comida	175, 199
comparativos (gramática)	18
comprar comida	192
compras	78
conciertos	124, 136
conducir	**56**, 63

conferencias (negocios)	97
conjunciones (gramática)	21
consulado	165
contadores (gramática)	20
contracepción	170
correo electrónico	**88**, 122
correo	92
costumbres	146
creencias	145
cruce de fronteras	61
cuentas (restaurante)	184

D

decir la hora	38
deletrear	16
demostrativos (gramática)	21
dentista	173
deportes, practicar	148, **152**
desayuno	70, 176
descuentos	80, **103**, 108
despedidas	115, 121
detalles de contacto	122
diagramas	59, 65, 73, 172, 183
dialecto de Beijing	11
dialectos (mandarín)	7, 11
días de la semana	40
diccionario español–mandarín	209
diccionario mandarín–español	239
dietas especiales	196
diferencias culturales	146
dificultades idiomáticas	**32**, 48
dinastías	60
dinero	**94**, 96
direcciones	57, **63**, 122
disculpas	112
doctor	162, **166**
drogas	139, 165

E

edad	118
embajada	165
emergencias	162
emociones	128
encontrarse	138
enfermedades	168
equipaje	50
escupir	171
estación (tren)	53
estaciones (clima)	41, 159
estado civil	120
estudios	118, **120**
etiqueta (comida)	77, 184, 186

etiqueta (general)	116, 142, 147
etiqueta (negocios)	98, 99, 147
expresiones locales	**9**, 99, 105,

F

facturas	79, 81, **94**
familia	108, 114, **120**
farmacia	166, **173**
fauna	159
fechas	40
ferry	54, **55**
flora	159
fotografía	**84**, 86, 102
fracciones (números)	36
frases para ligar	140
fumar	49, 139, 167, 179
fútbol	148
futuro (gramática)	29, 30
futuro (tiempo)	42

G

género (gramática)	24
gramática	18
guānxì	99
guía (senderismo)	157
guía (turismo)	100, 104

H

habitación (diagrama)	73
halagos	74, 77, 182
heridas	152, 162, **169**
hora	**38**, 98
hospital	166
hotel	66

I

imperativos (gramática)	22
inicios de conversación	115, 119
intereses	123
internet	**88**, 99
interrogativos (gramática)	27
invitaciones	136

J

juegos	127

L

lavabos	50, 54, 72, **162**, 191
lenguaje corporal	**142**, 147
libros	80
literatura	80, **83**

254

llamadas a cobro revertido 91

M

malentendidos 32
mapas **64**, 100, 156
marcharse 74, 115, 121
medicamentos 165, 167, **173**
medicina alternativa 171
medio ambiente **132**, 159
menú **179**, 181, 185, 199
meses 40
metro **53**, 64
museos (arte) 103
música 84, 124

N

nacionalidades 117
natación 71, 109, 153, 158
naturaleza 132, 159
necesitar 23
negativos (gramática) 24
negocio 97
niños 62, 103, **108**, 121
no (gramática) 7, **112**
nombres 114
nombres (gramática) 24
números 34
números PIN 96

O

objetos defectuosos 80
obras (teatro) 126
ocio 124, **134**, 139
ocupaciones 118
oficina de correos 92
opiniones 129
orden de las palabras
  (gramática) 30
ordenadores 88, 99

P

pago (métodos de) 94
partes del cuerpo (diagrama) 172
partículas (gramática) 24
pasado (gramática) 29
pasado (tiempo) 41
pasatiempos 123, 127
pedir bebidas 189
pedir comida **179**, 197
película (cámara) 84, 86
películas 126, 127

perdido (desorientado) ... 105, 158, 163
perdido (equipaje) 51
perdidos (objetos) 165
peticiones (alojamiento) 70
pinchazo (bicicleta) 58
pinyin 7, 8, **10**
plantas 159
platos (glosario
  gastronómico) 199
playa 158
policía 164
política 130
preguntas (gramática) 27
preposiciones (gramática) 26
presentaciones
  (conocer gente) **112**
presente (gramática) 28
presente (hora) 41
problemas (idioma) 32
problemas (salud) 166
problemas de comunicación **32**, 48
problemas legales 164
problemas sociales 130
pronombres (gramática) 21, **25**
pronombres posesivos
  (gramática) 25
pronunciación 10
puntos cardinales 65
puntualidad 98

Q

quejas 72, 182
querer (verbo) 30

R

recetas (médicas) 165, 167, **173**
rechazos (romance) 141
recibos 71, **79**, 168
recuerdos 87
rembolsos 80, 95
regatear 80
registrarse (alojamiento) 67
registrarse (transporte) 50
religión 145
reparaciones 58, **87**
reservar (alojamiento) 67
reservar (restaurante) 178
reservar (transporte) **46**, 56
restaurante 135, 176, **178**, 186, 197
romance 140
ropa 83
rutas (transporte) 44

S

salida del hotel 74
salir en una cita 140
salir 134
salud 166
salud de la mujer 170
saludos 113
sastre 83
sección de fumadores 49, 179
sección de no fumadores 49, 179
senderismo 156
sentimientos 128
señales 62, 70, 163, 171, 185
ser/estar (verbo) 19
servicio de lavandería 71
sexo 142
sí (gramática) 7, **112**
silla de ruedas 106
síntomas (medicina) 168
sistema de escritura
  (mandarín) 17
sitios turísticos (en mandarín) 102
sonidos consonánticos 12
sonidos vocálicos 11
supersticiones (números) 98

T

tallas (ropa) 83
taquillas (equipaje) 51
tarifas (coche de alquiler y taxi) 56
tarjeta de crédito 79, 94
tarjeta SIM 90
taxi **56**, 74, 191
té (tipos de) 187
teatro 126
teléfono móvil 90
teléfono 70, **90**, 122, 163
tener (verbo) 22
ping-pong 149, **154**
tentempiés 184, 188
tercera edad 106
tiempo (clima) 158
tipos de cambio 96
tipos de cocinas 190, 199
títulos (cortesía) 115
tiempo verbal (gramática) 29
tonos (pronunciación) 6, 13, 33
trabajo 97, **118**
trabalenguas 14, 33
transporte 44
tren 44, 46, **53**

V

vacaciones 61, 116
vacunas 168
variantes regionales
  (pronunciación) 11, 33
verbos (gramática) 28
viajeras lesbianas 135, 144
viajeros con discapacidades 106
viajeros de la tercera edad 106
viajeros gays 135, 144
visados 61

10 formas de empezar

¿Cuándo sale (el próximo autobús)?	(下一趟车)几点走?	(shià yītàng shē) chǐdiǎn tsǒu?
¿Dónde está (la oficina de turismo)?	(旅行社)在哪儿?	(lǚshíng shè) tsài nǎr?
¿Cuánto es (el depósito)?	(押金)多少?	(yāchīn) duōshǎo?
¿Tiene (una habitación)?	有没有(房)?	yǒuméiyǒu (fáng)?
¿Tiene (calefacción)?	有(暖气)吗?	yóu (nuǎnchī) ma?
Quiero (ese).	我要(那个)。	uǒ yào (nàge).
Por favor traiga (el menú).	请给我(菜单)。	chǐng gěiuǒ (càidān).
¿Puedo (sentarme aquí)?	我能(坐这儿)吗?	uǒ néng (tsuòtshè) ma?
Necesito (un abrelatas).	我想要(一个开罐器)。	uǒ shiǎngyào (yīge kāiguàn chì).
¿Necesitamos (un guía)?	需要(向导)吗?	shūyào (shiàngdǎo) ma?